Ludo Moritz Hartmann

Über historische Entwicklung

Sechs Vorträge zur Einleitung in eine historische Soziologie

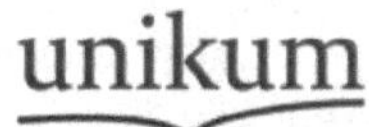

Ludo Moritz Hartmann

Über historische Entwicklung

Sechs Vorträge zur Einleitung in eine historische Soziologie

ISBN/EAN: 9783845744476
Erscheinungsjahr: 2012
Erscheinungsort: Bremen, Deutschland

www.unikum-verlag.de | office@unikum-verlag.de

Bei diesem Titel handelt es sich um den Nachdruck eines historischen, lange vergriffenen Buches. Da elektronische Druckvorlagen für diese Titel nicht existieren, musste auf alte Vorlagen zurückgegriffen werden. Hieraus zwangsläufig resultierende Qualitätsverluste bitten wir zu entschuldigen.

Ludo Moritz Hartmann

Über historische Entwicklung

Sechs Vorträge zur Einleitung in eine historische Soziologie

Über historische Entwickelung.

Sechs Vorträge

zur Einleitung in eine historische Soziologie

von

Ludo Moritz Hartmann.

Gotha.
Friedrich Andreas Perthes
Aktiengesellschaft.
1905.

Vorwort.

Jedes Vorwort ist eine Entschuldigung und jede Entschuldigung eine Selbstanklage. So klage ich mich an, daſs ich die folgenden Vorträge weniger zur Belehrung anderer, als zu dem Zwecke gesprochen und niedergeschrieben habe, um mir selbst über eine Reihe von Fragen klar zu werden. Aus dieser Entstehung erklären sich einige äuſsere, in die Augen springende Mängel der vorliegenden Schrift. Sie macht nicht Anspruch darauf, die — übrigens schon heute nahezu unübersehbare — soziologische Literatur vollständig anzuführen, ebensowenig, wie ihr Autor den Anspruch erheben kann, sie vollständig zu kennen; vielmehr ist die einschlägige Literatur in vielen Fällen gewiſs aus Unkenntnis, manchmal aber — wenn die Voraussetzungen der Untersuchung von vornherein verschiedene waren — mit Absicht nicht herangezogen worden. Auch würde es mitunter einer eigenen Untersuchung bedürfen, um festzustellen, von wem zuerst eine bestimmte allgemeine Anschauung ausgesprochen oder formuliert worden ist. Indes wird der Kenner, auch wo es nicht ausdrücklich bemerkt ist, leicht feststellen können, was ich Darwin und Mach, Marx und Bücher verdanke und wo ich von ihnen abweiche.

Es sei auch ausdrücklich hervorgehoben, daſs sich meine Anschauungen in manchen Punkten mit den von P. Kropotkin in seinem Buche: „Mutual Aid, a factor of evolution" (London 1903) verfochtenen begegnen, allerdings keineswegs in allen; und daſs ich ferner vor dem internationalen Historikerkongreſs in Rom im April 1903 unter dem Titel: „L'evoluzione storica" einen später im „Socialismo" (herausgegeben von E. Ferri,

April-Mai 1903) veröffentlichten Vortrag gehalten habe, in welchem ich dieselben Gedankengänge, die im vorliegenden Büchlein dargelegt sind, skizzierte.

Aus der Entstehung der nachfolgenden Darlegungen ergab sich auch die unsystematische und ungleichmäfsige Form, die ebenfalls ein Mangel ist.

Aber auch das Bewufstsein, dafs das vorliegende Büchlein überhaupt und namentlich in den Kreisen meiner historischen Fachgenossen auf wenig Zustimmung rechnen kann, hat mich nicht abgehalten es zu veröffentlichen. Denn es ist mir wenigstens nicht zweifelhaft, dafs die Grundlagen der praktisch geübten und theoretisch verfochtenen historischen Methoden noch so unklar sind, dafs die scharfe Hervorhebung der Gegensätze für den Fortschritt unserer Erkenntnis nur von Nutzen sein kann.

Wien, Weihnachten 1904.

L. M. Hartmann.

Inhaltsverzeichnis.

I. Gesetz und Zufall.

Das metaphysische und das psychologische Vorurteil.

Man könnte mit einem gewissen Rechte behaupten, dafs am Anfange einer jeden Wissenschaft die Geschichte als die Erzählung von Einzelbegebenheiten steht und dafs sich erst aus ihrem Schofse die verschiedenen Zweige der menschlichen Forschung entwickelt haben. Die alten Kosmogonien sind Geschichte und Naturwissenschaft zugleich, und da sich der spielende und forschende Geist mit der blofsen Aneinanderreihung der erzählten Begebenheiten nicht begnügt, versucht er auf beiden Gebieten auf gleiche Weise Zusammenhänge herzustellen. Da die Zusammenhänge selbst aber nicht geschaut werden können, werden sie nach der Analogie der scheinbar unmittelbaren inneren Beobachtung gestaltet, welche einen Bewufstseinsakt mit einer Bewegung, einer äufseren Veränderung verbunden sein läfst; auch was aufserhalb der menschlichen Einwirkung vorgeht, wird durch diese natürliche animistische Auffassung belebt. Götter und Heroen beleben Natur und Geschichte, sind die Triebkräfte der Naturgeschichte und der Menschheitsgeschichte und ihre nach Willkür schaltenden Herren. Erst wenn sich das Spiel des menschlichen Geistes ökonomischer gestaltet, indem es sich im Kampfe mit der äufseren Natur dieser anzupassen beginnt, entsteht das Bestreben, an die Stelle der vielgestalteten Willkür zu einer einheitlichen Auffassung der Zusammenhänge vorzudringen, d. h. gleichartige oder gleichartig erscheinende Vorgänge einheitlich zusammenzufassen, die Macht des „strengen Gesetzes" zu postulieren. Dies gelingt aber am ehesten auf den Gebieten, wo die Vorgänge einerseits am einfachsten sind und sich daher zu wiederholen scheinen, wenn man von geringen Abweichungen absieht, andererseits am meisten von den bewufsten Akten der menschlichen Willkür abweichen, so dafs die animistische Auffassung am leichtesten zurückgedrängt werden kann. So steht die Entwickelung der Wissenschaft auf den einzelnen Forschungsgebieten im umgekehrten Verhältnisse zu der Kompliziertheit der Vorgänge und zu ihren unmittelbaren Beziehungen zum menschlichen Bewufstsein.

So ist es auch verständlich, dafs auf dem eigentlichen Gebiete der Geschichte die Methode unter dem Einflusse der Kompliziertheit und der Nähe der Probleme noch in den Kinderschuhen stecken geblieben ist, dafs wir hier über animistische Anschauungen noch vielfach gar nicht hinausgekommen sind und dafs vor allem, auch wo wir dies versuchen, unsere Denkgewohnheiten noch so wenig feste und einheitliche Formen angenommen haben, dafs wir von einer Erklärungsweise und Auffassung zur anderen springen, sobald wir über die Feststellung und Darstellung des komplizierten Einzelvorganges hinausstreben, dafs dieselben Tatsachenreihen von denselben Forschern bald in der einen Abfolge, bald in der entgegengesetzten verknüpft, bald teleologisch bald kausal betrachtet, bald als willkürliche Akte bald als gesetzmäfsig gebunden angesehen werden — geschweige denn dafs ernstlich versucht oder durchgeführt würde, was doch die Ökonomie unseres Denkens unbedingt erfordert, dafs unsere Denkgewohnheiten auf dem Gebiete der historischen Forschung mit denen auf anderen Wissensgebieten in Übereinstimmung gebracht würden, sei es nun dafs jene oder diese dadurch modifiziert werden müfsten.

Die Frage nach der historischen Methode — oder sagen wir gleich, um sie von der Methode zur quellenkritischen Feststellung der Einzeltatsachen zu unterscheiden, der soziologischen Methode, ist aber vor allem eine erkenntnistheoretische Frage und wird um so vorurteilsloser beantwortet werden, je unbefangener von metaphysischen und scholastischen Vorurteilen der Mensch sich selbst und der Natur gegenübersteht.

Wenn man aber die Art und Weise, wie unsere Erkenntnisse überhaupt zustande kommen, ins Auge fafst, so kann man mit Mach zwei Erkenntnisgebiete unterscheiden, das physikalische und das biologische; sie unterscheiden sich dadurch von einander, dafs die Tatsachenkomplexe, auf die man das Augenmerk richtet, auf beiden Gebieten verschieden sind, nicht aber dadurch, dafs die Elemente, aus denen sich diese Tatsachenkomplexe zusammensetzen, von einander qualitativ verschieden wären oder man das Recht hätte, eine verschiedene Art von Abhängigkeit zwischen den einzelnen Elementen zu konstruieren. Wenn die mechanischen Gesetze der richtige Ausdruck für die Vorgänge auf dem Gebiete der anorganischen Natur sind, müssen sie auch Geltung haben auf dem Gebiete des Organischen, wo es gelingt, in der Auseinanderlegung der komplizierten Vorgänge ebensoweit vorzudringen wie dort. „Der physikalische Tatsachenkomplex ist einfach oder läfst sich wenigstens in vielen Fällen willkürlich (durch das Experiment) so einfach gestalten, dafs die unmittelbaren Zusammenhänge sichtbar werden. — Der biologische Tatsachenkomplex ist nun so zusammengesetzt, dafs die unmittelbaren Zusammenhänge nicht übersehen werden. Deshalb begnügen wir uns, auffallende, nicht unmittelbar zusammenhängende Teile des Tatsachenkomplexes als zusammenhängend hervorzuheben.“ [1]

Da die Vorgänge, auf welche wir in der Geschichte die Aufmerksamkeit lenken, die allerkompliziertesten sind, sind wir auch am entferntesten davon, in ihr die unmittelbaren Zusammenhänge darzustellen. Jeder historische, wie übrigens jeder physikalische Vorgang, ereignet sich nur einmal. Während wir aber zwei physikalische Vorgänge, die sich nur durch räumliche und zeitliche Verschiedenheit unterscheiden würden, als identisch betrachten würden, weil uns für ihre Betrachtung Raum und Zeit nicht als wesentlich erscheinen, wären zwei historische Vorgänge, wenn es sogar gelingen sollte, sie im übrigen als vollständig identisch nachzuweisen, für die historische Betrachtungsweise sehr verschieden, wenn sie sich räumlich und zeitlich unterschieden. Nun sind aber alle historischen Vorgänge so komplex, dafs wir nur unter Beiseitesetzung uns sehr wesentlich erscheinender Elemente eine Anzahl herausgreifen und sie als ähnlich bezeichnen können; und auch dann sind die Kategorien, die zur Zusammen-

[1] **Mach**, Analyse der Empfindungen [3], 69.

fassung derartiger Vorgänge unter einem Gesichtspunkte verwendet werden können, so weit und unbestimmt, daſs von einer Exaktheit im Sinne physikalischer Abstraktionen nicht die Rede sein kann. Und eine Folge dieser Kompliziertheit ist es auch, daſs bei der Auswahl und Abgrenzung der Tatsachenkomplexe, die mit einander in Zusammenhang gebracht werden, notwendig die gröſste Willkür Platz greift. Denn der Ausschnitt aus dem Naturgeschehen, der als historisch betrachtet wird, ist in keiner Weise losgelöst von allen übrigen vorangehenden und gleichzeitigen Naturvorgängen, und Exaktheit könnte doch nur erreicht werden, wenn ein isolierter Vorgang mit einem anderen oder ein Gesamtzustand mit einem anderen in Beziehung gesetzt würde, wenn mit anderen Worten die Weltformel des von Dubois-Reymond[1] eingeführten Laplaceschen Weltgeistes zur Anwendung gebracht werden könnte, d. h. wenn die Analyse bis zu den physikalischen Vorgängen vorgedrungen wäre. Solange dies nicht der Fall ist, gilt für die historischen Vorgänge, was Simmel[2] in den Worten zusammenfaſst: „Wenn wir eine Summe dieser Bewegungen zu einem Gesamtgeschehen zusammenfassen, so kann für dasselbe nicht ein besonderes Gesetz beansprucht werden, da schon durch jene primären Gesetze, und allein durch sie, jede überhaupt stattfindende Bewegung ihre zureichende Erklärung und Zurückführung auf die verursachende Kraft findet."

Was in gesteigertem Maſse für die Geschichte gilt, gilt doch für alle Erscheinungen der organischen Welt überhaupt. Die Kenntnis von den Zusammenhängen, die wir uns durch das Inbeziehungsetzen gewisser Gruppen von Vorgängen zu einander auf dem Wege der Hypothese verschaffen, haben den Charakter des Provisorischen. Die Kette der uns bekannten Vorgänge ist in ihrer Abfolge durch weite unbekannte Strecken unterbrochen,

---

[1] Dubois-Reymond, Grenzen des Naturerkennens, 11.

[2] Simmel, Probleme der Geschichtsphilosophie, 39; vgl. auch S. 49 und 47: „Alle Menschengeschichte ist doch nur ein Ausschnitt aus dem gesamten Weltgeschehen, und die Weiterentwickelung jeder ihrer Phasen deshalb von unzähligen Umständen abhängig, zu denen die Spannkräfte nicht ausschlieſslich in dieser Phase, als einer vom Begriffe der Geschichte eingegrenzten, liegen, und die also auch nicht zu berechnen sind."

und während man in der Physik versuchen kann, die Kontinuität zwischen den uns interessierenden beiden Vorgängen lückenlos darzustellen, so dafs unser Kausalitätsbedürfnis befriedigt erscheint, kann auf biologischem Gebiete nur allgemein auf die Abhängigkeit des einen Faktors vom anderen hingewiesen werden, so dafs u. a. auch die exakte Vergleichung durch Messung der Vorgänge ausgeschlossen ist. Wenn aber die Herstellung von Abhängigkeiten, wie sie in der Biologie überhaupt und in der Geschichte möglich ist, auch nicht den strengen Anforderungen der Kausalität entspricht, so kann sie doch mit dem, was auf physikalischem Gebiete als Kausalität bezeichnet wird, wie Mach gezeigt hat, unter den Funktionsbegriff subsumiert werden [1].

Diese funktionelle Abhängigkeit eines Faktors von einem anderen schliefst die Einwirkung noch anderer Faktoren nicht aus, und daraus ergibt sich, dafs die Abfolgen der Erscheinungskomplexe nicht „ausnahmslos exakt“ in gleicher Weise eintreffen werden.

Auf dem biologischen Gebiete sucht nun die Entwickelungslehre diese Zusammenhänge zu erfassen und darzustellen; indem sie sich an die Stelle der teleologischen Naturbetrachtung gesetzt hat, kann sie „die rätselhafte Fernwirkung der Zukunft“, die Mystik des Zweckbegriffes, der Naturabsicht beiseite schieben. Der Zweckbegriff ist durch den Begriff der Entwickelung, der bewufste Wille durch Anpassung und Auslese ersetzt. In dem ersteren steckt nichts Mystisches mehr, weil er ohne irgendwelche weitere Unterstellung nur die Abhängigkeit gewisser Erscheinungskomplexe von anderen feststellen will, in den letzteren ebensowenig, weil sie nur angeben, in welcher Weise der Übergang von einem Zustande zum anderen sich häufig vollzieht. Dadurch ist es gelungen, der organischen Natur mit solchen Denkformen zu nahen, welche der ersten Anforderung der Ökonomie des Denkens entsprechen, dafs nämlich so lange nicht willkürlich neue Voraussetzungen eingeführt werden sollen, als die auf anderen Gebieten gewonnenen ausreichen.

Nachdem also auf dem physikalischen Gebiete infolge der „grofsen Einfachheit, der Berechenbarkeit der physikalischen

---

[1] Mach a. a. O. 70f.; vgl. ebd. zum Folgenden.

Vorgänge" die animistische Auffassung in die letzten Schlupfwinkel des Denkens verbannt worden ist, wurde „für die Erscheinungen des organischen Lebens, welche der animistischen Auffassung weniger widerstreben, der Zweckbegriff, die Ansicht des zielbewufsten Handelns, noch aufrechterhalten, und wo letzteres dem organischen Wesen selbst nicht zugemutet werden kann, denkt man sich ein anderes, über demselben schwebendes, zielstrebiges Wesen (Natur usw.), durch welches ersteres geleitet wird". [1] Jedoch ist eben durch die Entwickelungslehre die Möglichkeit geboten, dafs auch auf diesem Gebiete dies primitive Stadium des menschlichen Erkennens überwunden wird. Nur ein Teilgebiet der organischen Entwickelungslehre, die Geschichte des historischen Menschen, wird noch ganz von der animistischen Auffassung beherrscht, und während der Mensch, solange er uns in seinen ersten Entwickelungsstadien als ein entferntes Naturobjekt erscheint, mit den an der Naturforschung gewonnenen Methoden untersucht wird, wird er, sobald er uns beobachtenden Menschen ähnlicher wird, aus der übrigen Naturentwickelung herausgehoben, und auf diesem letzten Gebiete animistischer Grundanschauung können wir uns nicht entschliefsen, nachdem wir die Menschenähnlichkeit der Götter aufgegeben haben, auch an der Gottähnlichkeit des Menschen zu verzweifeln, und bei der Betrachtung der letzten Phase der organischen Entwickelung taucht die Mystik des rückwärtswirkenden Zweckes, die bei den früheren Phasen aufgegeben ist, immer wieder empor.

Wenn man jedoch die Geschichte des Menschen als einen Teil des Gesamtkomplexes der Erscheinungen der organischen Natur betrachtet — unbeschadet der Modifikationen, welche sich etwa aus ihrer Betrachtung für die auf dem übrigen biologischen Gebiete gewonnenen Grundanschauungen ergeben können —, so ergibt sich für die Geschichtswissenschaft die Aufgabe, die an der Spezies Mensch sich vollziehenden Erscheinungen in ihrer zeitlichen Abfolge zu beobachten, in ihrem Zusammenhange darzustellen und ihre Entwickelung durch Anpassung und Auslese zu erklären. Man kann, ohne in Widersprüche zu geraten, nicht

---

[1] Vgl. Mach a. a. O. 76f.

von der bewufsten „Naturabsicht“ ausgehen, nicht von dem Satze Kants[1], dafs „alle Naturanlagen eines Geschöpfes bestimmt sind, sich einmal vollständig und zweckmäfsig auszuwickeln“, sondern mufs bis auf weiteres den umgekehrten Satz Darwins, der sich auf den übrigen biologischen Gebieten als fruchtbar erwiesen hat, gelten lassen, dafs die Natur unzählige Keime ausstreut, von denen nur wenige zur Entwickelung gelangen; man mufs auf diese Weise versuchen, das metaphysische Vorurteil zu eliminieren. Ebenso wird es nicht möglich sein, wenn man nicht abermals von den Grundlagen abweichen will, von denen ausgehend man zu zusammenfassenden Anschauungen auf den übrigen biologischen Gebieten gekommen ist, den bewufsten Willen des Menschen als bewegende Kraft in den Zusammenhang einzufügen, mit anderen Worten: auch das psychologische Vorurteil mufs beiseite gesetzt werden.

Die allgemeine Richtung unseres Denkens hat uns nun zwar grundsätzlich aus der theologisch-teleologischen Geschichtsauffassung herausgeführt, und der Entwickelungsgedanke tritt, wenn auch keineswegs konsequent durchgeführt, allerorten in den neueren Geschichtsdarstellungen hervor, allerdings in der Regel verdunkelt durch Hypostasierungen und ungerechtfertigte Abstraktionen, durch überkommene Scholastik und mit der Sprache festgehaltene animistische Denkgewohnheiten. Dagegen herrscht im Gegensatze und trotz des Entwickelungsgedankens in der Geschichtswissenschaft, die zu ihrem Nachteile gegenüber den anderen Wissenschaften das menschliche Bewufstsein als schwere Bürde mit sich schleppt, noch durchaus der Fetischismus, der den bewufsten Willen als letzte Ursache des einzelnen Geschehens betrachtet. Denn trotz aller physikalischen Weltauffassung und trotz aller deterministischen Überzeugung erscheint unserer Selbstbeobachtung nach wie vor der eigene Wille als die letzte Ursache unserer Handlungen, weil wir weder die physikalischen Zusammenhänge, die mechanisch zu der eigenen Handlung führen, unmittelbar wahrnehmen, noch auch uns der Bedingungen, welche zu dem begleitenden Willensakte führen,

---

[1] Kant, Ideen zu einer allgem. Geschichte in weltbürg. Absicht, I. Satz.

bewufst sind. Wie aber der rohe Kausalitätsbegriff der Aufeinanderfolge von Willensakt und Handlung nachgebildet ist, so taucht diese Abfolge als die scheinbare Grundlage alles historischen Geschehens immer wieder auf, obwohl durch sie keine Erklärung gegeben, sondern ein neuer Faktor und daher ein neues Rätsel eingeführt wird.

Die psychologische „Erklärung" ist keine Erklärung, weil sie andere Zusammenhänge voraussetzt, als in der übrigen Natur angenommen werden, und weil sie nichts tut als zwei Seiten desselben Vorganges beschreiben. Eine historische Tatsache psychologisch erklären bedeutet etwa ebenso viel, wie wenn ein Naturforscher die bei einer Oxydation entstehende Wärme durch das Leuchten der zugleich entstehenden Flamme erklären wollte. Mach [1] führt aus, dafs wir bei der Erklärung von Reflexbewegungen „die Neigung verspüren, den ganzen Vorgang als durch die augenblicklichen Umstände im Organismus physikalisch bestimmt anzusehen"; dafs aber „was wir Willen nennen, nichts anderes ist als die Gesamtheit der teilweise bewufsten und mit Voraussicht des Erfolges verbundenen Bedingungen einer Bewegung"; dafs ferner bei der Analyse dieser Bedingungen, soweit sie ins Bewufstsein fallen, sich nichts findet „als die Erinnerungsspuren früherer Erlebnisse und deren Verbindung (Association)". Mag man nun die Resultate der Selbstbeobachtung auf die übrige organische Welt auszudehnen versuchen und im Gedächtnisse eine „allgemeine Funktion der organischen Materie" erblicken [2] und auf diese Weise die Vorgänge und Zusammenhänge in der organischen Natur unserer Anschauung näher bringen oder nicht, keinesfalls ist man berechtigt, den „psychologischen" Teil der Erscheinung loszulösen und ihm eine selbständige Wirksamkeit zuzuschreiben. Die Bewufstseinsvorgänge dürfen bei der vollständigen und allseitigen Beschreibung der historischen Vorgänge nicht fehlen, allein da diese Vorgänge offenbar, wie alle anderen, auch ohne sie vollständig determiniert sind, dürfen sie nicht als determinierende Faktoren

[1] Mach a. a. O. 78.

[2] Vgl. Hering, Über das Gedächtnis als eine allgemeine Funktion der organischen Materie, in: Almanach der kais. Akad. der Wiss. XX (1870).

noch aufser den physikalischen Vorgängen, die von ihnen begleitet werden, angeführt werden.

So paradox es auch auf den ersten Blick erscheinen mag, ist diese Ausschaltung des bewufsten Willens aus der Kausalitätsreihe tatsächlich schon von der Wissenschaft in sehr zahlreichen Fällen auch da vorgenommen worden, wo ein bewufster Wille unzweifelhaft vorhanden ist, so dafs die wissenschaftlich gebotene Anschauung nur noch vor verhältnismäfsig wenig zahlreichen Vorgängen Halt macht, obwohl auch hier eine prinzipielle Grenze keineswegs gezogen werden kann. Es kann hier unberücksichtigt bleiben, dafs bewufste Bewegungen auch beim Menschen zu Reflexbewegungen werden können, so dafs ohne irgendwelche äufsere Veränderung das Bewufstsein des Vorganges einfach entfällt, ebenso wie dafs bei niederen Organismen die Grenze zwischen bewufsten und unbewufsten Bewegungen von uns gewifs nicht gezogen werden kann, ohne dafs doch deshalb die Vorgänge an Verständlichkeit gewinnen oder verlieren würden. Wie die Entwickelungslehre überhaupt bei der in grofsen Zügen gegebenen Geschichte der organischen Welt die Bewufstseinserscheinungen nicht in Berechnung zieht, so konnte z. B. Lubbock[1] versuchen, eine Art Geschichte gewisser Ameisenarten und ihrer Staaten in grofsen Zügen darzulegen, in welcher selbstverständlich der uns vollständig unbekannte bewufste Wille der Ameisen keine Rolle spielen, sondern nur die Abfolge verschiedener Zustände festgestellt werden darf. Das gleiche gilt aber auch bei allen Forschungen auf dem Gebiete der Urgeschichte oder Prähistorie, der Ethnographie. Wo es möglich ist, die Geschichte, die Entwickelung primitiver Stammesgruppen zu rekonstruieren, da ist unser Kausalitätsbedürfnis vollständig befriedigt, wenn es auch nach dem Stande der Quellen nicht möglich ist, die Motive, die bewufste Absicht als Ursache der dargestellten Erscheinungen

[1] Lubbock, Ameisen, Bienen und Wespen (in Internat. wissensch. Bibliothek, LVII, 73ff.). — Vgl. auch Buttel-Reepen, Die stammesgeschichtl. Entstehung des Bienenstaates (Leipzig 1903), wo auf den Fehler hingewiesen wird, der dadurch begangen wird, dafs man menschliche Gefühle usw. in niedriger organisierte Arten hineinprojiziert, und nachgewiesen wird, dafs jedenfalls das gesellige Wohnen und nicht der „soziale Instinkt“ das Prius ist.

anzuführen. Die Vorstellungen der Stammesgenossen, auch wenn sie bekannt sind, kommen nur als Begleiterscheinungen in Betracht, und es genügt uns, wenn gezeigt wird, wie sie sich den veränderten äufseren Verhältnissen angepafst haben.

Und worin besteht denn der prinzipielle Unterschied zwischen jenen primitiven Entwickelungen und denen der sogenannten historischen Zeiten? Nur für uns, rein subjektiv, besteht ein Gegensatz. Wir erkennen im Wilden zwar äufserlich den Menschen und haben ihm daher zum Schaden der wirklichen Erkenntnis auch nur zu oft eine ganze Menge von Eigenschaften angedichtet, die für den Menschen, den wir kennen, für den Kulturmenschen charakteristisch sind. Sobald wir aber diese absolute und aprioristische Psychologie aufgegeben haben, erkennen wir, dafs der wirkliche Anschauungskreis, die wirklichen Denkgewohnheiten, die wirklichen Lebensbedingungen der Primitiven so verschieden von den unseren sind, dafs sie uns als etwas vollständig Fremdes erscheinen. Deshalb vermögen wir auch, wenn es uns gelungen ist, den Primitiven ohne Vorurteil zu rekonstruieren, ebenso wie beim Tiere, seine Entwickelung zu betrachten, ohne dafs wir die Bewufstseinsvorgänge, die wir an uns beobachten und als verursachend zu betrachten gewöhnt sind, in ihn hineinprojizieren, weil wir es nun von vornherein aufgeben, ihn nach unserem Ebenbilde zu ergänzen. So fällt die eine Schwierigkeit weg, welche aus dem Menschen als dem Objekte der historischen Forschung erwächst und es uns erschwert, die politischen, ökonomischen usw. Tatsachen vom Standpunkte der physikalischen, d. h. nicht psychologischen Abhängigkeitsverhältnisse zu betrachten. Ebenso entfällt aber bei den Primitiven die andere Schwierigkeit der Forschung, die aus der Natur unserer historischen Quellen erwächst. Denn der Historiker, dem die Ereignisse, die er zu beschreiben hat, nicht unmittelbar zugänglich sind, wie dem Physiker die von ihm beschriebenen, die er nach Willkür wiederholen kann, ist von seinen Quellen in ganz anderer Weise abhängig als der Physiker. Während nun die allerdings spärlicheren Quellen, die dem Prähistoriker zur Verfügung stehen, aus unmittelbaren Resten primitiver Zeiten bestehen, die ihm nicht erst psychologisch belebt vorgelegt werden, sind die Quellen des Historikers gröſstenteils Beschreibungen anderer persönlicher Zeugen; so kommt der Historiker häufig in die Lage, erst aus parallelen psychologischen Abhängigkeiten auf die physikalischen zurückschlieſsen zu müssen, und da ereignet es sich leicht, daſs ihm das als Ursache erscheint, was ihm nur Symptom sein sollte. — Diese beiden Schwierigkeiten vor allen haben die historische Auffassung in schier undurchdringliche Metaphysik hineingezogen und einer natürlichen Anschauungsweise entfremdet gehalten.

Aber diese beiden Schwierigkeiten, welche die Geschichtsforschung im Gegensatze zu der Erforschung der früheren Stadien nachteilig beeinflussen, sind doch rein subjektiver Natur und begründen keinen prinzipiellen Unterschied. Tatsächlich würde es schwer fallen oder unmöglich sein, einen solchen zu bezeichnen. Wenn die Verhältnisse der Menschen zu einander und der Menschen zur Natur komplizierter geworden sind, so ist doch offenbar von den Zeiten der Primitiven bis zu unserer Zeit kein vollständig neues wirksames Element für die Entwickelung hinzugekommen. Der primitive Mensch und der Kulturmensch unterscheiden sich sozusagen graduell, aber nicht qualitativ. Andererseits ist es nicht undenkbar, daſs nach nochmaliger mehrtausendjähriger Entwickelung unsere Nachkommen den heutigen Zustand der „zivilisierten" Völker als einen primitiven Zustand oder einen Zustand der Wildheit bezeichnen werden. Die Kriterien für den Gegensatz zwischen primitiven Zuständen und Kultur sind nicht weniger relativ und subjektiv, als die für die übliche Einteilung der historischen Zeiten in Altertum, Mittelalter und Neuzeit.

Es ergibt sich also abermals vom Standpunkte der Kontinuität und Einheitlichkeit der Forschung die Notwendigkeit, auch bei der geschichtlichen Forschung auf den bewuſsten Willen als Erklärungsprinzip zu verzichten; die Erkenntnis, daſs die Projektion des bewuſsten Willens in die Reihe der äuſseren historischen Vorgänge unnötig ist. Vom technisch-historischen Standpunkte aus wird diese Forschungsmethode dadurch erleichtert, daſs man sich daran gewöhnt hat, sich vom Wortlaute der erzählenden Quellen zu emanzipieren, solchen primären Quellen auch in der Geschichte sein Augenmerk zuzuwenden, welche das psychologische Moment mehr zurücktreten lassen, und zusammenfassend, statt, wie früher, hervorstechende Einzelvorgänge bei der Betrachtung in den Vordergrund zu stellen, Massenerscheinungen darzustellen, bei denen gegenüber der Fiktion eines Kollektivwillens die reine Entwickelung von selbst stärker hervortritt.

Wenn aber auch auf diese Weise die Aufgabe gelöst werden kann, die menschlichen Handlungen in ihren Abhängigkeiten und in ihrer Entwickelung darzustellen, verbleibt noch die Aufgabe, zum Zwecke der vollständigen Beschreibung der historischen Vorgänge die Entwickelung auch unserer Denkgewohnheiten, der Ideen, als Erscheinungen der Anpassung an die Umgebung und unter einander darzustellen [1].

Eine reinliche Scheidung der Abhängigkeitsverhältnisse begegnet allerdings bei dem Parallelismus zwischen den äufseren Tatsachen der ökonomischen, politischen, rechtlichen Entwickelung einerseits und den Ideen andererseits grofsen Schwierigkeiten, da weder jene als Ursachen dieser noch diese als Ursachen jener angesehen werden können. Jene und diese sind eben nur die verschiedenen Seiten einer Entwickelung, je nachdem ob man dieselben Erscheinungen in ihrem Verhältnisse zur Aufsenwelt oder zum Bewufstsein behandelt, da „der Unterschied des Physischen und Psychischen nur in der Verschiedenheit der Abhängigkeitsverhältnisse gegeben ist, die einerseits Objekt der Physik — im weitesten Sinne des Wortes —, andererseits der Psychologie sind“ [2]; wenn wir im Sinne dieser Auffassung die geschichtlichen Vorgänge betrachten, so kommen wir etwa zu folgender Scheidung: Untersuchen wir die Abhängigkeit der Handlungen eines Menschen oder einer Menschengruppe von anderen Menschen oder Vorgängen in der Aufsenwelt, so beschäftigen wir uns mit der politischen, ökonomischen usw. Geschichte; untersuchen wir, inwiefern die politischen, ökonomischen usw. Veränderungen sich im Bewufstsein der Menschen widerspiegeln, so treiben wir Ideengeschichte.

---

[1] Vgl. Mach, Populärwiss. Vorlesungen, 231 ff.: Über Umbildung und Anpassung im naturwissenschaftlichen Denken.

[2] Vgl. R. Wlassak bei Mach, Analyse [3], 40.

Trotzdem ist es nicht immer leicht, sich darüber klar zu werden, was in der Geschichte in die erste, was in die zweite Gruppe von Erscheinungen gehört. Die Einreihung der sogenannten „äufseren“ Geschichte ist allerdings von selbst gegeben: Völkerverschiebungen, Völkerzusammenstöfse und Krieg sind Geschehnisse der Aufsenwelt. Das gleiche gilt von der politischen, ökonomischen, Sozialgeschichte, welche es mit tatsächlich in der Aufsenwelt bestehenden Zuständen, Abhängigkeiten der Menschen von einander oder von der Natur zu tun hat. Allerdings legt hier die sprachliche Ausdrucksweise ein Mifsverständnis nahe; da man nicht jede einzelne gleichartige wirtschaftliche Erscheinung kennt oder einzeln beschreiben kann, spricht man zusammenfassend von wirtschaftlichen Institutionen; darunter können aber nicht die Natur beherrschende Ideen, nicht „Dinge an sich“ oder selbständige, von den Einzelerscheinungen losgelöste Wesen verstanden werden; das Wirkliche sind nur die Abhängigkeiten selbst; die Institutionen sind nur der von uns gewählte zusammenfassende Ausdruck, der von den äufseren Verhältnissen abstrahierte Durchschnittstypus, der zwar nicht mehr alle Einzelerscheinungen vollständig in sich begreift, aber diejenigen Züge wiedergibt, auf die wir gerade die Aufmerksamkeit lenken, weil sie uns wesentlich erscheinen. Wenn ausgesagt wird, dafs zu einer bestimmten Zeit an bestimmten Orten die Wirtschaft grundherrschaftlich war, so wird damit nur zusammenfassend ausgedrückt, dafs in diesem Zustande sich gewisse Handlungen regelmäfsig wiederholten, dafs in der Regel die Menschen, welche wir Hörige nennen, einen Teil ihrer Arbeit (als Frondienst) auf einem Landstücke verrichteten, dessen Ertrag von dem Grundherrn verwendet wurde usw. Wenn diese und die ähnlichen Handlungen, welche „Merkmale“ des grundherrschaftlichen Zustandes sind, irgendwo und irgendwann nicht mehr beobachtet werden, hat auch die „Institution“ der Grundherrschaft aufgehört, ob nun die Bezeichnung der einen Person als des Grundherrn, der anderen Personen als der Hörigen noch gebräuchlich ist oder nicht. Das gleiche gilt nun aber auch von der Rechtsgeschichte im allgemeinen oder von der Geschichte der rechtlichen Zustände, welche nichts anderes darlegen kann, als wie die Handlungen der Menschen in denjenigen Beziehungen, welche wir gewöhnt sind unter juristische Normen zu bringen, in der Regel vor sich gehen; für diese Betrachtungsweise ist es natürlich gleichgültig, ob die Regelmäfsigkeit dieser Handlungen in einem gesatzten Rechte oder nur in einem „Gewohnheits"rechte niedergelegt ist; für sie kommt die Aufzeichnung oder Tradition der Rechtssätze nur insofern in Betracht, als sie als Erkenntnisquelle für die tatsächlich üblichen Handlungen dienen kann. Es ist aber sehr wohl ein Zustand denkbar, in welchem die tatsächlich beobachteten Handlungen mit dem „geltenden" Rechte in Widerspruch stehen, und andererseits war es möglich, dafs z. B. Mommsen zum Zwecke der zusammenfassenden Darstellung historisch wichtiger, in der römischen Geschichte regelmäfsig wiederkehrender Beziehungen sein gewaltiges „Römisches Staatsrecht" konstruierte, dessen Inhalt grofsenteils aus der Zusammenfassung der Tatsachen und nicht der Doktrinen besteht, deren bewufste Ausbildung bei den Römern auf staatsrechtlichem Gebiete hinter dem Funktionieren der Staatsmaschine zurückgeblieben war.

Dagegen gehört in das Gebiet der Ideengeschichte selbstverständlich die Rechtsgeschichte im Sinne der Entwickelung der — aufgezeichneten oder nicht aufgezeichneten — Rechtsideen, die Geschichte der Juristerei, ebenso wie die Geschichte der wirtschaftlichen Theorien, ebenso jede andere Wissenschaftsgeschichte, Literaturgeschichte, Kunstgeschichte; denn wenn auch ein äufserer Vorgang mit der Entstehung eines jeden Kunstwerkes verknüpft ist, so richtet sich doch unsere Aufmerksamkeit bei der kunstgeschichtlichen Betrachtung nicht auf diesen, sondern auf den psychologischen Vorgang, die Idee usw., die mit ihm verknüpft ist.

Über den Zufall.

Wenn es richtig wäre, daſs die Geschichte der Menschen aus dem übrigen Naturgeschehen derart herausgehoben werden könnte, daſs sie gleichsam als ein isoliertes physikalisches System betrachtet werden könnte, müſsten in ihr nachgewiesene Gesetze ausnahmslos exakt wirken; da dies aber nicht der Fall ist, da vielmehr der Inhalt der Geschichte beständigen Veränderungen, deren Gesamtheit wir eben Entwickelung nennen, unterworfen ist, wirken Faktoren auf die historischen Vorgänge ein, welche nicht durch die Handlungen der Menschen hervorgerufen sind, sondern von der äuſseren Natur und daher vom Standpunkte der Menschen aus als Zufall erscheinen. Es entspricht dies durchaus unseren Vorstellungen von der Gesamtentwickelung der organischen Natur, der wir die Eigenschaft der Variabilität zuschreiben, welche nichts anderes ist als die Konstatierung der Einwirkung des Zufalles auf die Organismen [1].

In bezug auf die menschliche Entwickelung kann man noch in einem anderen Sinne von „Zufall" sprechen. Wenn man nämlich gewöhnt ist, den bewuſsten Willen als einzige bestimmende Ursache der menschlichen Handlung zu betrachten, erscheint die Begebenheit als Zufall, die nicht mit dem Inhalte des menschlichen Willens sich deckt. In der Tat wird in sehr vielen, vielleicht in der weitaus überwiegenden Anzahl der Fälle der Inhalt des menschlichen Bewuſstseins mit der zugehörigen Handlung übereinstimmen, und es kann dies ganz gut als eine Anpassungserscheinung des menschlichen Bewuſstseins an die Auſsenwelt angesehen werden. Von Interesse sind diejenigen Fälle, in welchen der bewuſste Wille und die Wirkung nicht in Übereinstimmung sind und die Anpassung des Bewuſstseins sich erst bei der Wiederholung des Vorganges vollzieht.

---

[1] Wie überhaupt die organische Entwickelung ohne den „Zufall" nicht verstanden werden kann, so tritt dieser besonders deutlich hervor bei der Erscheinung, welche die Biologen als „Funktionswechsel" bezeichnen.

Beide Arten von „Zufall" werden, historisch betrachtet, sehr häufig zusammenfallen, und zwar deshalb, weil in der Regel gerade dann das menschliche Bewuſstsein der auf den Menschen einwirkenden Umgebung nicht angepaſst ist, wenn in diese Umgebung neue Faktoren eintreten.

Solche „Zufälle" müssen also gerade für die Auffassung der Entwickelung und des Verhältnisses des Psychischen zum Physischen von der gröſsten Bedeutung sein, und gerade in den letzten Jahrzehnten sind auf der eigentlichen Geschichte nahestehenden Gebieten eine Anzahl von derartigen Tatsachen ins richtige Licht gerückt worden, die geeignet sind, in dem erwähnten Sinne auch auf den Zusammenhang der eigentlich historischen Begebenheiten aufklärend zu wirken.

Schon F. A. Lange[1] hat in seiner klaren induktiven Art die Fabel zerstört, daſs das Genie, wie man wohl zu sagen pflegt, sich immer durchsetzt, mit anderen Worten, daſs die starke Individualität selbstherrlich ihr eigenes Schicksal bestimmt, indem er an einigen typischen self-made-men nachwies, daſs es nur ein glückliches Zusammentreffen äuſserer Umstände war, die es ihnen ermöglichte, „sich durchzusetzen". Wenn das Genie sich vom Talente „durch die über die Jugendzeit hinaus erhaltene Fähigkeit der Anpassung", das Talent vom gewöhnlichen Menschen durch „etwas gröſsere psychische Stärke auf einem Gebiet"[2] unterscheidet, so hat das Genie und in geringerem Maſse auch das Talent eine gröſsere Wahrscheinlichkeit zur Geltung zu kommen; allein es ist keineswegs gesagt, daſs Anpassungsfähigkeit und Stärke im einzelnen Falle der widrigen Umstände Herr werden können. Viele Talente und manche Genies mögen zugrunde gehen, weil der Erfolg erst die Resultierende aus ihrer Betätigung und den äuſseren, d. h. zufälligen Umständen ist.

Das gleiche, wie für das individuelle Schicksal, gilt aber auch für die gesellschaftlichen Erscheinungen, für die technischen Fortschritte. Huygens sagt, „daſs er den für einen übermenschlichen Genius halten müſste, welcher das Fernrohr ohne Begün-

---

[1] F. A. Lange, Die Arbeiterfrage[5], 82 ff.

[2] Mach, Analyse, 234.

stigung durch den Zufall erfunden hätte"[1], und Mach fügt auf Grund seiner psychologischen Analyse hinzu: „Die Erschliefsung neuer, bislang unbekannter Tatsachengebiete kann nur durch zufällige Umstände herbeigeführt werden, unter welchen eben die gewöhnlich unbemerkten Tatsachen merklich werden."[2] Es ist schliefslich nur eine Seite derselben Wahrheit, wenn K. von den Steinen, indem er gegen den Ausdruck „Steinzeit" polemisiert, seine Beobachtungen an den verschiedenen Naturvölkern Zentralbrasiliens in den Worten zusammenfafst: „Jeder Stamm hat das Material seiner Umgebung verwerten gelernt, auf das er angewiesen war, und ist so in den Besitz von Methoden gelangt, die eine mit demselben Material nur spärlich versorgte Nachbarschaft nicht gefunden hätte, aber nur zum eigenen Fortschritt benutzen und üben lernt"[3]. Nach von den Steinens Beobachtungen hatten gewisse Stämme das tatsächliche Monopol der Erzeugung von Steinbeilen, nämlich diejenigen, in deren Gebiet sich eine gewisse zur Herstellung von Beilen geeignete Steinart (Diabas) vorfand, während der Sandstein im Gebiete der übrigen Stämme sich zu diesem Zwecke nicht eignete[4]. Eine andere Stammesgruppe wieder hatte das Monopol der Töpferei, obwohl auch andere Stämme Ton, wenn auch vielleicht in schlechterer Qualität, besafsen; die Form der Töpfe führte von den Steinen auf die Erklärung, dafs die Töpfe ursprünglich nur ein Ersatz der bei den übrigen Stämmen verwendeten Kürbisschalen waren; jene Stammesgruppe nämlich scheint die brauchbaren Kürbisfrüchte nicht besessen zu haben und stellte zum Ersatze ein Flechtwerk her, das sie mit Lehm überschmierte; daraus ergab sich dann die Herstellung einer gehärteten Lehmform, und man konnte des Flechtwerkes entraten[5]. Was für eine

---

[1] Mach, Populärwissenschaftl. Vorlesungen: Über den Einflufs zufälliger Umstände auf die Entwickelung von Erfindungen und Entdeckungen, 278.

[2] Ebenda 286.

[3] K. von den Steinen, Unter den Naturvölkern Zentralbrasiliens, 2. Aufl. (1897), 198.

[4] Ebenda 196 f.

[5] K. von den Steinen a. a. O. 207 f.

Bedeutung aber der Besitz der stärksten Waffe, die Kenntnis einer der wichtigsten Künste für die Entwickelung eines primitiven Stammes und für die Beziehungen zu seinen Nachbarn haben konnte, liegt auf der Hand.

Aber auch für die willkürliche Erzeugung, Verwendung und Beherrschung des Feuers, die von unserem Standpunkte aus recht eigentlich vom niedrigsten denkbaren Standpunkte des Urmenschen die erste Kulturentwickelung zu unterscheiden scheint, bedurfte es nicht eines vorausschauenden Prometheus, sondern, um von den Steinens Ausdruck zu gebrauchen, irgend eines „prähistorischen Vagabunden, der nichts besafs, als vom letzten Lagerfeuer her einen Rest Glimmstoff, den er vermehren mufste". Zuerst benutzte der Urmensch das durch den Blitz oder durch einen ähnlichen Zufall entzündete Feuer; Busch- und Steppenbrände, als deren Reste halbverkohltes Wild auf der Brandstätte liegen blieb, lehrten den primitiven Jäger die Kunst des Bratens; als er dann das Feuer erhalten und mit sich führen wollte, diente ihm trockenes Holzpulver als Glimmstoff; wenn er aber Holz in Holz bohrte, um diesen Glimmstoff zu gewinnen, begann das losgeriebene Holzmehl wohl von selbst zu glimmen, und die Entdeckung, dafs man das Feuer willkürlich erzeugen könne, war gemacht, sobald diese Beobachtung sich dem Wilden aufgedrängt hatte. Demselben Wilden aber blieb es verborgen, dafs auch durch das Zusammenschlagen zweier eisenhaltiger Steine Funken geschlagen werden können [1].

Deshalb sagt Mach mit Recht: „Die meisten der in die Kulturanfänge fallenden Erfindungen — Sprache, Schrift, Geld u. a. eingeschlossen — konnten schon deshalb nicht Ergebnis absichtlichen, planmäfsigen Nachdenkens sein, weil man von deren Wert und Bedeutung eben erst durch den Gebrauch eine Vorstellung gewinnen konnte. ... Auch der Gebrauch des Feuers wird wohl dort begonnen und von dort aus sich verbreitet haben, wo Vulkanausbrüche, heifse Quellen, brennende Gasausströmungen Gelegenheit boten, dessen Eigenschaften in ruhiger Beobachtung kennen und benützen zu lernen. Nun erst konnte der etwa beim

[1] Ebenda 209. 212 ff.

Durchbohren eines Holzstückes gefundene Feuerbohrer in seiner Bedeutung als Zündvorrichtung gewürdigt werden. . . . Und so wenig werden wir von der Erfindung des Feuerbohrers erst den Gebrauch des Feuers ableiten wollen, wie etwa von der Erfindung der Zündhölzchen. Denn sicherlich entspricht nur der umgekehrte Weg der Wahrheit [1]." Und das gleiche gilt, wie Mach an vielen Beispielen ausführt, auch für die historische Zeit.

Immerhin tritt uns die Bedeutung der angeführten und ähnlicher Tatsachen am deutlichsten bei den primitivsten Stämmen entgegen, und Bücher konnte es versuchen, von ihnen ausgehend auf induktivem Wege ein Bild des wirtschaftlichen Urzustandes zu entwerfen [2]. Die angebliche wirtschaftliche Natur des Menschen und die Herrschaft des ökonomischen Prinzipes, wonach der Mensch die höchstmögliche Befriedigung mit dem geringstmöglichen Opfer zu erreichen sucht, die aus unseren vorgefafsten Meinungen konstruierte Zweckmäfsigkeit der Handlungen infolge der Anwendung des „kleinsten Mittels" hält den Tatsachen gegenüber nicht stand. „Überall aber, wo wir sie beobachten mögen, erinnert die Bedürfnisbefriedigung der Naturvölker in vielen Zügen fortgesetzt an das instinktive Handeln des Tieres . . . Von Fürsorge im Sinne einer Sorge für die Zukunft kann bei den Naturvölkern nicht die Rede sein. Der primitive Mensch denkt nicht an die Zukunft; er denkt überhaupt nicht; er will nur, und zwar will er sein Dasein erhalten [3]." Damit hängt aber eine weitere Feststellung Büchers unmittelbar zusammen: „Die Arbeit bei den Naturvölkern ist ein recht nebelhaftes Gebilde. Je weiter wir sie zurückverfolgen, um so mehr nähert sie sich nach Form und Inhalt dem Spiel [4]."

---

[1] Mach, Über den Einfluss usw. 280f.: „Die Erschliefsung neuer, bislang unbekannter Tatsachengebiete kann nur durch zufällige Umstände herbeigeführt werden, unter welchen eben die gewöhnlich unbemerkten Tatsachen merklich werden. Die Leistung des Entdeckers liegt hier in der scharfen Aufmerksamkeit, welche das Ungewöhnliche des Vorkommnisses und der bedingenden Umstände schon in den Spuren wahrnimmt, und die Wege erkennt, auf welchen man zur vollen Beobachtung gelangt."

[2] K. Bücher, Die Entstehung der Volkswirtschaft, 3. Aufl. (1901), 1 ff.

[3] Ebenda 15.

[4] Bücher a. a. O. 32.

Wie die individuelle Nahrungssuche des Urmenschen, so weist auch das Spiel auf die gleichartige Tätigkeit des Tieres hin. Die mannigfaltigen Spiele der Tiere scheinen im Wesentlichen dieselben Funktionen für ihre Art zu erfüllen, wie die Spiele des Menschen [1]. Sei es, dafs ein Kraftüberschufs im Menschen sich spielend betätigt, oder dafs nach Erschöpfung eines Teiles der Kräfte ein anderer spielend in Tätigkeit gesetzt wird, um jenem Erholung zu gönnen — wie das Kind durch die ursprünglich zwecklose und rein spielende Bewegung seiner Arme und Hände das Greifen lernt, so lernt der primitive Mensch im eigentlichen Sinne des Wortes spielend Künste und Fertigkeiten. Die ersten Tiere, die der Mensch zähmte, waren nicht Nutztiere, sondern Tiere, die zum Vergnügen gehalten wurden, und es widerstrebte sogar dem primitiven Menschen, Fleisch und Eier von gezähmten Tieren zu essen [2].

Überall kann man beobachten, dafs die primitiven Stämme keineswegs auf dem absolut kürzesten Wege zu ihren Erkenntnissen und deren praktischen Anwendungen kommen; dafs die Erkenntnis und die Anwendung der Erkenntnis auch qualitativ bestimmt ist, durch die Art, in welcher sie gewonnen wurde; dafs die Fortschritte nicht ziel- und zweckbewufst, sondern unbeeinflufst von den Wünschen der Menschen gemacht werden. Es scheint aber, dafs das gleiche, was von der Gewinnung neuer Erkenntnisse auf technischem Gebiete gilt — mag man sich nun das Verhältnis zwischen technischen und gesellschaftlichen Verhältnissen wie immer vorstellen —, auch auf dem Gebiete der gesellschaftlichen Organisation Geltung haben mufs.

Auch ohne in das Einzelne der durch die Mutterrechtstheorien und Morgan angeregten Forschungen einzugehen, kann man feststellen, dafs in der Tat auf der Erde sehr verschiedene Ehe- und Familienformen nachweisbar sind, ob nun der Ausgangspunkt die Horde oder die Familie war; dagegen scheint mir nicht bewiesen und unbeweisbar, dafs bei jedem Stamme die gleiche Abfolge

---

[1] Vgl. K. Groos, Die Spiele der Tiere (1896), und Derselbe, Die Spiele der Menschen (1899).

[2] Bücher a. a. O. 32f.; von den Steinen a. a. O. 210. Vgl. auch Groos, Spiele der Tiere, 88f.

der Eheformen stattgefunden hat. Auch ist es wohl sicher, daſs die Entwickelung einer bestimmten Eheform bei einem bestimmten Stamme nicht auf eine besondere Absicht, auf planmäſsiges Handeln zurückzuführen ist, sondern auf Ursachen, die unbewuſst wirken und von irgendwelchen Ideen über die zweckmäſsigste Organisationsform in keiner Weise beeinfluſst sein können; doch gehen aber alle weiteren gesellschaftlichen Organisationsformen schlieſslich auf die Form der Familie zurück. Auch die Bevölkerungsvermehrung, als wichtige Grundlage der Gruppenbildung, entspringt, wie bei den Tieren, physiologischen Ursachen und äuſseren Verhältnissen, die der bewuſsten Einwirkung des Menschen unzweifelhaft gröſstenteils entzogen sind. Und das gleiche gilt doch sicherlich von den Einwirkungen der geographischen Beschaffenheit des Landes, in welchem ein Stamm lebt, da sich relativ nur wenige Stämme werden nennen lassen, die ihren Wohnsitz absichtlich von dem Gesichtspunkte aus gewählt und gewechselt hätten, daſs er auf ihre Organisationsform in dieser oder jener Weise einwirke [1]. Es ist jedenfalls vollständiger Zufall, in welcher geographischen Abfolge die germanischen Völkerschaften gelagert waren, als die Hunnen von den asiatischen Steppen nach Europa einbrachen, und doch war dieser Zufall für das fernere Schicksal dieser Stämme entscheidend, dafür, ob ihre Stammesorganisation vernichtet wurde oder nicht, ob sie mit dem römischen Reiche in engere oder lockere Beziehungen treten muſsten, in welcher Weise in letzter Linie das römische Reich selbst umgestaltet und die Grundlage für die spätere Entwickelung der europäischen Kulturländer gelegt wurde. Es war nicht minder ein geographischer Zufall, daſs die Slawen die Nachhut bei der groſsen indoeuropäischen Verschiebung von Osten nach Westen bildeten, und doch werden sogar Rassenfanatiker eingestehen, daſs diese Tatsache von der gröſsten Bedeutung für die kulturelle Rückständigkeit des Slawentums geworden ist, und damit auch für die Gesamtgestaltung der europäischen und der Weltverhältnisse.

---

[1] Über dies „accident historique“ (Tarde) vgl. auch Gumplowicz, Die soziologische Staatsidee [2], 108 ff.

Daſs die Wirksamkeit dieses „Zufalles" unter verschiedenen Bezeichnungen anerkannt wurde, ist auch der eigentliche Fortschritt, den die „historische Schule" der Nationalökonomie gegenüber der „klassischen" bedeutet. Denn während die Jünger Adam Smiths die ewig währenden nationalökonomischen Gesetze aus einer allgemein gültigen Psychologie ableiteten, die tatsächlich aus den Verhältnissen ihrer eigenen Zeit abgeleitet war, bemüht man sich jetzt, die ökonomischen Verhältnisse in ihrer Entwickelung zu verstehen, allerdings indem man nur zu oft erst aus den tatsächlichen, historisch gegebenen Verhältnissen die zugehörige Psychologie rekonstruiert und die so rekonstruierten psychischen Verhältnisse dann selbständig wirksam sein läſst. Immerhin weisen gerade die historischen ökonomischen Forschungen häufig eine Inkonsequenz zwischen der bewuſsten Absicht und dem Ergebnisse der Handlung auf, aus der wiederum Rückschlüsse auf ihr gegenseitiges Verhältnis zulässig sind.

So sind unter anderem die Verkehrshandlungen zwischen den Menschen historisch untersucht worden. Das psychologische Vorurteil von der wirtschaftlichen Natur des Menschen hatte auch zur Konstruktion eines ursprünglichen und angeborenen Tauschtriebes geführt, bis an einer Anzahl von primitiven Völkern die Beobachtung gemacht wurde, daſs ihnen der Tausch nicht nur unbekannt war, sondern daſs sie auch dem Tauschhandel, wenn sie ihn kennen lernten, widerstrebten, weil ihre in abergläubischen Vorstellungen sich äuſsernden Denkgewohnheiten derart waren, daſs eine Veräuſserung der einem Individuum gehörenden Dinge im Widerspruche mit ihnen gestanden wäre [1]. Ein Tauschtrieb war so lange nicht vorhanden, als nicht Tauschhandlungen sich häufig wiederholten. Die ältesten Tauschhandlungen sind auch keineswegs von dem Wunsche begleitet, einen höheren Wert einzutauschen; es wird z. B. von einem Mächtigen eine bestimmte Leistung eines Geringeren erzwungen und als tatsächliche Gegenleistung, ohne daſs deren Wert in Vergleich gezogen würde,

[1] Vgl. hierzu und zu dem Folgenden Sartorius von Waltershausen, Die Entstehung des Tauschhandels in Polynesien, in: Zeitschr. für Sozial- und Wirtsch.-Gesch. IV, 1 ff.

während der Zeit der Leistung der Unterhalt gewährt. Der Austauch von Gastgeschenken ist eine symbolische Handlung, die ebenfalls mit einem „Tauschtriebe" nichts zu tun hat. Erst der Krieg führt Völker von verschiedenen Produktionsverhältnissen einander näher, so dafs die gegenseitigen, aus verschiedenartigen Produkten bestehenden Friedensgeschenke die Kenntnis neuer Produkte vermitteln, die als brauchbar kennen gelernt werden. Erst durch die Wiederholung solcher Tauschhandlungen können neue Bedürfnisse entstehen, die zunächst durch den „stummen" Handel, in dem mifstrauische Feinde miteinander tauschen, befriedigt werden, obwohl ein gegenseitiges Abwägen des Wertes erst sehr allmählich eintritt. So entwickelt sich allmählich der Tauschhandel und der „Tauschtrieb", der wiederum erst allmählich zu einem wirtschaftlichen Triebe im Sinne der „wirtschaftlichen Natur" des Menschen wird. Die Feststellung ist wesentlich, dafs zuerst die Handlung da ist, dafs sich erst dann die Denkgewohnheit ändert und das Bedürfnis einstellt, und dafs noch später dieses Bedürfnis in „wirtschaftlicher" Weise im Sinne der klassischen Nationalökonomie befriedigt wird.

Ebenso hat man die Entstehung des Geldes aus der wirtschaftlichen Natur des Menschen ableiten wollen, welcher eine „unbedingt absatzfähige Ware" aufgesucht habe, um sie in jedem Falle gegen Bedarfsartikel austauschen zu können. Es ist jedoch gezeigt worden, dafs ein solches Bestreben schon deshalb unmöglich ist, weil eben nur das getauscht werden kann, was Gegenstand veräufserlichen Eigentums sein kann. Deshalb sind die verschiedensten Warengeldskalen, die an verschiedenen Orten je nach den zufälligen Verhältnissen verschieden sind, Vorläufer des eigentlichen Geldes [1]. „Geldform heftet sich", sagt Marx [2], „entweder an die wichtigsten Eintauschartikel aus der Fremde . . . oder an den Gebrauchsgegenstand, welcher das Hauptelement des einheimischen veräufserlichen Besitztums bildet, wie z. B. das Vieh." Die „unbedingte Absatzfähigkeit" spielt bei der

[1] Vgl. hierzu und zum Folgenden Ridgeway, Origin of corrency and weight standards, und namentlich Lotz, Lehre vom Ursprunge des Geldes, in: Jahrb. für Nat.-Ök. 62, 337 ff.

[2] Marx, Kapital, I, 59; vgl. Lotz a. a. O.

Bildung der Warengeldskalen gar keine Rolle; die Metalle kommen in ihnen als Schmuck oder Dreifüfse oder Kessel oder eiserne Haken oder dergl. vor. Erst später — und nicht überall — entwickelt sich das heutige Metallgeld nach Wegfall der anderen Gegenstände der Warengeldskala. Die Theorie der „unbedingten Absatzfähigkeit" kann nun nachfolgen, und auch das „Bedürfnis" nach einer solchen Ware kommt jetzt zum Bewufstsein.

So ist es falsch, von der „wirtschaftlichen Natur" des Menschen als einem psychologischen Apriori auszugehen. Die „wirtschaftlichen" Handlungen sind selbst allmählich ausgebildete Anpassungserscheinungen am Menschen. Ebenso ist das „Bedürfnis" als objektiver „Bedarf" nach jeglicher Erweiterung des Lebensmittelspielraumes zwar immer vorhanden. Psychologisch ist aber die Bedürfnisempfindung eine Anpassungserscheinung, die konkretisiert, auf einen bestimmten Gegenstand gerichtet, erst auftritt, wenn durch einen Zufall die Möglichkeit oder Notwendigkeit der Beziehung des Menschen zu dem Gegenstande und der „Befriedigung" eingetreten ist. Daher die Verschiedenheit der Bedürfnisse zu verschiedenen Zeiten und an verschiedenen Orten. Was Mach mit Rücksicht auf die ersten Erfindungen des Menschengeschlechtes ausspricht, kann verallgemeinert werden. Neue Erfindungen, aber auch alle Handlungen, welche später zu einer Bedürfnisbefriedigung führen, können „schon deshalb nicht Ergebnis absichtlichen, planmäfsigen Nachdenkens sein" — und ebensowenig Wirkungen eines „Bedürfnisses" —, „weil man von deren Wert und Bedeutung eben erst durch den Gebrauch eine Vorstellung gewinnen konnte".

Wenn also der „Zufall" in den „Ausschnitten aus dem gesamten Weltgeschehen" [1], die wir Geschichte nennen, an die Stelle des bewufsten Willens oder der aufsermenschlichen Teleologie als Triebfeder zu treten hat, müssen wir uns der leidigen Sitte entwöhnen, die Geschichte nach logischen Schlüssen rekonstruieren zu wollen. Alle Schlüsse, die aus einer allgemeinen Entwickelungstendenz, wenn es auch gelingt, eine solche festzustellen, auf den einzelnen Fall deduzieren, können falsch sein,

[1] Simmel a. a. O. 47.

und es heifst, die Geschichte in ein Prokrustesbett legen, wenn man mit dem Vorurteile der Logik an sie herantritt. Die Abfolge der historischen Begebenheiten kann eben nicht „ausnahmslos exakt" festgestellt werden, weil die biologische, die entwickelungsgeschichtliche Anschauungsweise im Verhältnis zur physikalischen nur provisorisch ist. Sehr drastisch zeigt sich die Verschiedenartigkeit jener Anschauungsweisen und ihrer Resultate an einem der wichtigsten Probleme der menschlichen Geschichte. Man schlofs bis vor kurzem regelmäfsig so: der Ackerbau ist die höhere Produktionsform im Verhältnisse zum Jäger- oder Hirtenleben, die Voraussetzung für jede höhere Kultur; deshalb ist eine Anzahl von Völkern zu ihm übergegangen; der Schlufs war falsch; denn man hat nachgewiesen, dafs nur solche Viehzüchter zum Ackerbau übergegangen sind, welche sich ihren Unterhalt nicht mehr durch die bisherige Produktionsweise erwerben konnten [1]. Man mufs also sagen: Viehzüchter, welche ihre bisherige Produktionsweise nicht fortsetzen konnten, sind entweder zugrunde gegangen aus Mangel an Nahrung usw. oder zum Ackerbau übergegangen; die letzteren überlebten; bei einem Teile von ihnen konnte sich eine höhere Kultur entwickeln. Es ergibt sich weiter daraus, dafs eine gesetzmäfsige Stufenfolge für die einzelnen Völker — Jäger, Hirten, Ackerbauer — nicht aufgestellt werden kann. Denn es konnten Völker, die nicht bedrängt waren, als Viehzüchter weiterleben; es konnten aber auch Stämme, weil sie bedrängt waren und nicht zum Ackerbau übergingen, zugrunde gehen, ohne dafs sie jene „höhere Produktionsstufe" erreicht hätten.

Wenn also negativ festgestellt worden ist, auf welche Weise die historischen Erscheinungen nicht geordnet werden können, erübrigt die Frage, in welcher Weise sie vom Standpunkte der biologischen Entwickelung aus geordnet werden können, und welche speziellen Erscheinungen dem menschlichen Teile der Entwickelung der organischen Welt eigen sind.

---

[1] Vgl. Hildebrand, Recht und Sitte auf den verschiedenen wirtschaftlichen Kulturstufen I (1896), 46 f.

II. Entwickelung.

Der Kampf ums Dasein.

Da die Geschichtswissenschaft und die biologische Wissenschaft sich getrennt von einander entwickelt haben, hat jede von beiden eine eigene Terminologie ausgebildet, so dafs jetzt die Zwiespältigkeit der Sprachgewohnheiten die Zwiespältigkeit der Denkgewohnheiten noch unterstützt. Auch geschieht es leicht, dafs, weil mitunter bei der Beobachtung des Menschen auf andere Erscheinungen das Augenmerk gelenkt wird, als bei Beobachtung der übrigen organischen Welt, vergessen wird, dafs auch hier dieselben Erscheinungen aufgewiesen werden können [1] — nur dafs man allerdings auch bei diesem Vergleiche nur die äufseren Tatsachen ins Auge fassen, die psychologische Seite aber beiseite setzen mufs.

Dies gilt insbesondere von der nationalökonomischen Terminologie, die natürlich zugleich die Terminologie der Wirtschaftsgeschichte ist. — So gibt z. B. Philippovich die folgende Definition: „Unter Wirtschaftsorganisation verstehen wir eine Verbindung der Menschen zu dauernden wirtschaftlichen Beziehungen. Sie gründet sich auf Wirtschaftsprinzipien, d. h. auf gewisse Grundsätze, welche das Verhalten der Menschen in ihren wirtschaftlichen Beziehungen dauernd bestimmen.“ [2] Entkleidet man diese Definition ihrer teleologischen Bestandteile, so enthält sie nur die Beobachtung wiederholter, von denselben

[1] Vgl. Bücher a. a. O. 4: „Die Frage, ob vielleicht auch die Tiere wirtschaften, scheint nie aufgeworfen worden zu sein.“

[2] Philippovich, Grundrifs I, § 8; ich halte mich bei den nationalökonomischen Anführungen an das weitverbreitete Lehrbuch, weil es im wesentlichen die herrschende Lehre wiedergibt.

mit einander verbundenen Individuen ausgehender Handlungen, welche gewisse wirtschaftliche Folgen für diese Individuen haben. Die einfachste Wirtschaftseinheit ist natürlich die Pflanze. Aber deutlich in die Augen springt die Identität der Wirtschaftsorganisation höherer Tiere und der des Menschen. Die Organisation der Raubtierfamilie, der Vogelfamilie während der Paarung, der Ameisen oder Bienen in ihrem Staate ist durchaus eine Verbindung mit dauernden wirtschaftlichen Beziehungen. Was sich diese Tiere für Gedanken über ihre wirtschaftlichen Prinzipien machen, ist uns freilich unbekannt [1].

Auch der Begriff: „Gut = Brauchbarkeit“ ist durchaus in der organischen Welt anwendbar, ebenso wie der Unterschied zwischen „freien“ und „wirtschaftlichen“ Gütern; da jene in beliebig grofser Menge vorhanden sind, so sind sie eben aus dem Kampfe ums Dasein ausgeschaltet, während um die „wirtschaftlichen“ Güter von Pflanzen und Tieren wie von den Menschen gekämpft wird. Ebenso wird man auch bei Pflanze und Tier vom „Besitze“ sprechen können; die Art und Weise, wie dieser Besitz garantiert wird, kann verschieden sein und mufs verschieden sein, je nachdem das organische Wesen allein oder gesellig lebt; allein die Beziehungen zu dem besessenen Gegenstande bleiben die gleichen.

„Produktion“ erscheint als die Hervorbringung solcher Güter oder Brauchbarkeiten. Soweit bei einer rein okkupatorischen Wirtschaft von einer solchen gesprochen werden kann, ist sie natürlich bei Mensch und Tier identisch, ebenso wie man beim Tiere wie beim Menschen von „Konsumtion“ sprechen kann. Allerdings denkt man beim Tiere in erster Linie an reine Genufsgüter, welche eben okkupatorisch gewonnen und in manchen Fällen auch aufbewahrt werden; psychologisch entspricht dieser Aufbewahrung beim Menschen die einfachste Form der Fürsorge, die man also einer Anzahl von Tieren auch zusprechen mufs, während sie dem Naturmenschen noch zu fehlen scheint [2]. Aber auch kompliziertere Wirtschaftsformen lassen sich im Tierreiche nachweisen; unzweifelhaft dienen die Bauten

[1] Vgl. oben S. 9 Anm.

[2] Vgl. Bücher a. a. O. 15f.

der Vögel wie der Biber, der Bienen wie der Ameisen, aber auch die kunstvollen Kokons der sich einpuppenden Raupen, zu denen das Material aus der Umgebung benutzt wird, nicht dem unmittelbaren Genufs, sondern dem allmählichen Verbrauche, es sind Gebrauchsgüter, die hier von den Tieren produziert werden. Die kompliziertеste Form der Produktion des Menschen ist die, bei welcher eigene „Produktionsgüter“, Kapital, benutzt werden, nicht um selbst genossen oder verbraucht zu werden, sondern um erst Genufs- oder Verbrauchsgüter herzustellen. Als ältestes Kapital in diesem Sinne erscheint das Werkzeug, die Waffe bei den Jägern, das Vieh bei den Viehzüchtern[1]; beide Formen finden sich im Tierreiche wieder; denn was ist das Spinnetz anderes, als ein von der Spinne produziertes Jagdwerkzeug, vollständig den Netzen der Jäger und Fischer entsprechend? Und gewisse Blattlausarten werden von der Ameisenart Lasius flavus gezüchtet, durch eigene Bauten geschützt und gemolken, kurz vollständig als Haustiere gehalten[2].

Jedes Gut hat seinen Wert. „Wert im objektiven Sinne ist die Befähigung eines Gutes, einen bestimmten äufseren Erfolg zu erzielen“, d. h. eben brauchbar zu sein; in diesem Sinne kann man also auch bei der Wirtschaft der Tiere von einem Werte ihrer Güter sprechen. Wert im subjektiven Sinne ist das Interesse, das die Menschen für ein bestimmtes Gut haben. Das Verhältnis des subjektiven Wertes zum objektiven kann also offenbar nur als Anpassungserscheinung erklärt werden. Dafs wir die „Wert“vorstellungen, welche die Tiere vielleicht mit ihren Gütern verbinden, nicht kennen, oder genötigt sind „Instinkte“ anzunehmen, kann natürlich keinen Unterschied der tierischen von der menschlichen Wirtschaft bedeuten. Der Mafsstab für den „objektiven“ Wert kann bei beiden nur derselbe sein: Gegenstände der Aufsenwelt oder Aneignung von Eigenschaften sind in dem Mafse wertvoll, als sie entweder direkt zur Erhaltung beitragen oder Mittel zur Stärkung im Kampfe ums Dasein sind.

Wenn nun dieselben Verhältnisse, die sich in der übrigen

[1] Vgl. Hildebrand a. a. O. 23.

[2] Vgl. Lubbock a. a. O. 56ff. 76.

organischen Welt nachweisen lassen, beim Menschen wiederkehren, mufs es um so gerechtfertigter erscheinen, für die Erklärung der Abfolge der Ereignisse der Menschengeschichte versuchsweise dieselben Kategorien anzuwenden, welche sich dort bewährt haben: Anpassung und natürliche Zuchtwahl durch den Kampf ums Dasein — wobei zunächst dahingestellt bleibt, ob jene direkte oder diese indirekte Anpassung in der Geschichte der Menschen einen breiteren Raum einnimmt.

In welcher Weise, von wem und gegen wen wird nun der Kampf ums Dasein in der menschlichen Entwickelung geführt? — Auch für die Menschen gilt, wenn auch in geringerem Mafse als bei den meisten Tieren, dafs, wenn die natürliche geometrische Progression der Zunahme uneingeschränkt walten würde, „keine Gegend der Erde das Erzeugte zu ernähren vermöchte“ [1]. Auch hier bestimmt die vorhandene Nahrungsmenge die äufserste Grenze der Vermehrung. Auch der Kampf mit Tier- und Pflanzenarten spielt eine Rolle, jetzt eine scheinbar geringere, je weiter wir zurückgehen, eine um so deutlichere, direktere. Auch heute führen die Menschen, namentlich bei engem Zusammenwohnen, einen beständigen Kampf mit den Bakterien. Bei Wilden spielt auch das eigentlich klimatische Moment: „wiederkehrende Perioden äufserster Kälte und Trockenheit“ eine bedeutende Rolle. Vollends ist „die Notwendigkeit eines grofsen Bestandes einer Art (am selben Orte) für die Erhaltung“ für die Menschen evident. Auch die allgemeine Beobachtung, dafs der Kampf ums Dasein am heftigsten zwischen Individuen und Varietäten derselben Art ist, trifft für die menschliche Entwickelung zu und für diese natürlich um so mehr, als der Mensch das am stärksten entwickelte Wesen ist, so dafs er tatsächlich seine nichtmenschlichen Widersacher immer mehr zurückdrängt, während jeder der Natur abgerungene neue Bezirk zum Kampfplatze der Menschen untereinander wird.

Es ist daher bei Betrachtung der menschlichen Entwickelung einerseits der Kampf mit der äufseren Natur, anderseits der

---

[1] Vgl. zu diesem und dem Folgenden: Darwin, Entstehung der Arten, Kap. III; es mag erwähnt werden, dafs Darwin hier sichtlich durch Malthus beeinflufst ist.

Menschen untereinander in Betracht zu ziehen [1]. Der Kampf mit der Natur ist Arbeit und das Objekt der Wirtschaftsgeschichte, der Kampf der Menschen untereinander Politik und Objekt der politischen Geschichte im weitesten Sinne. Die Grundlage dieses sogenannten Kampfes, der Konkurrenz der Menschen untereinander, ist aber wieder das Verhältnis des Menschen zur äufseren Natur; denn der Kampf ums Dasein wird, wie in der übrigen Natur, so bei den Menschen keineswegs immer oder der Regel nach direkt durchgeführt, wie etwa wenn „zwei hundeartige Raubtiere in Zeiten des Mangels um Nahrung und Leben mit einander kämpfen", — sondern wie etwa „eine Pflanze, welche alljährlich tausend Samen erzeugt, unter welchen im Durchschnitte nur einer zur Entwickelung kommt ... mit anderen Pflanzen derselben oder anderer Arten, welche bereits den Boden bekleiden", ums Dasein kämpft. Das Objekt des Kampfes sind eben die besten Lebensbedingungen. Er vollzieht sich, indem der Geeignetere, d. h. der im Kampfe mit der Natur Stärkere, dem weniger Geeigneten den Platz wegnimmt [2]. Deshalb ist die politische Geschichte eine Funktion der Wirtschaftsgeschichte.

Es ist selbstverständlich, daſs die Anhänger dieser Auffassung, die nicht durchaus passend als „materialistische Geschichtsauffassung" bezeichnet wird, von den gegnerischen Argumenten, die aus der Psychologie genommen werden, nicht getroffen werden können, weder wenn mit ethischem Pathos die Selbstverständlichkeit betont wird, daſs der wirtschaftliche Egoismus nicht die einzige psychologische Triebfeder der menschlichen

---

[1] Vgl. hierzu auch M. A. Vaccaro, Le basi del diritto e dello stato (Bibl. antropol.-giuridica ser. I, vol. 19).

[2] Es soll hier nicht über das viel erörterte Kapitel der Konkurrenz ausführlich gesprochen werden. Man vgl. z. B. Sombart, Der moderne Kapitalismus II, 424 ff. und 542: „Überlegenheit in diesem Kampfe heiſst also gröſsere Fähigkeit den Anforderungen des Publikums gerecht zu werden oder — gröſsere Anpassungsfähigkeit." „Ein Konkurrent siegt entweder ob, weil er bessere Leistungen prästiert, oder deshalb, weil er billiger liefert — ein Drittes gibt es nicht." Sombart erkennt aber auch Hemmungen dieser Tendenz an (die sie also nicht „ausnahmslos exakt" wirken lassen), wie die Gewohnheit, die „Unempfindlichkeit des Publikums gegenüber minderwertigen Leistungen".

Handlungen ist, noch auch wenn in sehr vielen Einzelfällen nachgewiesen wird, dafs bestimmte menschliche Handlungen, welche wirtschaftliche Folgen hatten, ganz anders als durch den wirtschaftlichen Zweck, sei es durch religiösen Fanatismus oder durch nationale Begeisterung oder durch ethische Ideen, motiviert sind. All diese Einwendungen beziehen sich auf ein Gebiet, das für den Forscher zunächst gar nicht in Betracht kommt, solange er sich eben mit den menschlichen Handlungen und ihrem Zusammenhange und nicht mit der Motivation, d. h. mit der Frage beschäftigt, wie sich die menschlichen Handlungen im Bewufstsein widerspiegeln. Wenn man die wirtschaftlichen Ursachen aufzeigt, so sind damit die psychologischen Motivationen, die Ideen eben noch keineswegs gegeben. Die wirtschaftlichen Ursachen und Folgen der Kreuzzüge bleiben bestehen, wenn auch die Kreuzfahrer oder eine grofse Zahl von ihnen psychologisch von dem reinsten religiösen Eifer bestimmt waren.

Wenn man beim Menschen vom Kampfe ums Dasein oder auch von Anpassung spricht, so darf ebensowenig, wie bei der Pflanze oder beim Tiere, an den Wunsch, gewisse dem Individuum nützliche Ziele zu erreichen, gedacht werden, sondern nur an die Tatsache, dafs gewisse Handlungen das Individuum geeigneter machen, schädlichen Einflüssen der Umgebung zu widerstehen oder sich durch Elemente der Umgebung zu stärken, während die Motivierung dieser Handlungen irrelevant ist.

Mit Rücksicht auf die Einwendungen, welche gerade auf naturwissenschaftlichem Gebiete in der letzten Zeit gegen die Anwendbarkeit oder richtiger gegen die ausschliefsliche Anwendung der Selektionslehre zur Erklärung der organischen Entwickelung vorgebracht worden sind, mufs die Vorfrage gestellt werden, wie weit diese Einwendungen auf das Gebiet der menschlichen Entwickelung übertragen werden können. Vielleicht die gröfste Schwierigkeit für die allgemeine Anwendung der Selektionslehre ist der Mangel an nachweisbaren Zwischenformen zwischen den einzelnen Arten, der so grofs ist, dafs man nicht glaubt, ihn in jedem Falle durch den blofs zufälligen Mangel an paläontologischen „Urkunden“ erklären zu können. Diese

Schwierigkeit entfällt offenbar, wenn man sich auf das Gebiet der historischen Entwickelung beschränkt; die Untersuchung dieses relativ außerordentlich kleinen Abschnittes der organischen Entwickelung bietet den Vorteil, daſs man nahezu nirgends den Versuch machen muſs, die Lücken durch angenommene Übergangsformen zu ergänzen, weil uns dieser Abschnitt am genausten bekannt ist; zwischen dem niedrigst stehenden Wilden und dem Kulturmenschen läſst sich wohl eine nahezu lückenlose Reihe von Typen, welche den Übergang vermitteln, aufweisen. Jeder dieser Typen, der sich nur durch eine geringe Variation von dem nächstverwandten unterscheidet, kann aber auch innerhalb der menschlichen Entwickelung zu einer bestimmten Zeit und in einem bestimmten Milieu einen selektiven Wert haben, allerdings häufig nur in sehr engen zeitlichen und räumlichen Grenzen; für den Menschen sind eben Eigenschaften relevant, welche in so geringen Abweichungen bestehen, daſs wir sie bei anderen Arten nicht beobachten oder nicht als relevant ansehen können. Damit ist für die historische Entwickelung auch die Einwendung, welche sich auf den geringen selektiven Wert kleiner Variationen gründet, beseitigt, um so mehr, als sie gerade beim Menschen durch die Einwirkung des Milieus, d. h. auch der zur selben Gruppe gehörigen Mitmenschen, nicht nur immer wieder erzeugt, sondern auch immer wieder gefordert werden kann. Hierin verhält sich das Milieu ähnlich wie der Züchter, der darauf hinwirkt, daſs die Selektion fortdauert, beständig wiederholt wird, um den Typus stabil zu erhalten [1]. Dies Moment, daſs die Umwelt eben bestimmte Variationen erzeugt und immer wieder erzeugt, welche sich in dieser bestimmten Umgebung erhalten können, daſs also die Variation selbst von der Umgebung bestimmt und die Zahl der Variationen, unter denen dann ausgewählt wird, beschränkt ist, tritt in der menschlichen Entwickelung besonders deutlich hervor.

Denn allerdings vollzieht sich der Kampf ums Dasein der Menschheit in bestimmten Formen, die zwar keineswegs dem

---

[1] Die psychologische Form hierfür ist die Nachahmung, deren Bedeutung Tarde hervorgehoben hat.

Menschen allein eigentümlich, aber bei ihm als dem höchstentwickelten Organismus besonders ausgebildet sind. Der Mensch lebt und kämpft nicht einzeln, sondern in Gruppen von verschiedener Gröſse und Zusammensetzung [1]. Die Art des inneren Zusammenhanges dieser Gruppen bezeichnet man am besten mit dem Worte Organisation. Faſst man nur die Geschichte dieser Gruppen und ihres Zusammenhanges bei der Entwickelung ins Auge, so treibt man Sozialgeschichte. — Es ist von vornherein klar, daſs sowohl die Existenz als die Art dieser Gruppenbildung abhängig ist vom Kampfe ums Dasein; denn gegenseitige Hilfe ist ja eine der stärksten Waffen in diesem Kampfe, und Darwin [2] meint allgemein, daſs „diejenigen Gemeinschaften, welche die gröſste Zahl der sympathischsten Mitglieder umfassen, am besten gedeihen und die gröſste Anzahl von Nachkommen erzielen“; andererseits denke man nur an die durch die Enge des Nahrungsmittelspielraumes bedingte Kleinheit der Gruppen in gewissen Gegenden oder an den Unterschied der Siedelung in Gebirgsgegenden und in der Ebene; die Gruppenbildung kann also nicht als eine Konstante betrachtet werden, wenn auch gewisse natürliche Grundbedingungen — Unterschied der Geschlechter, der Lebensalter — von vornherein gegeben sind; auch die Ameisenhaufen unterscheiden sich von einander, nicht nur zwischen verschiedenen Arten, sondern auch innerhalb derselben Varietät, z. B. nach der Zahl ihrer Bewohner, nach ihrem Aufbau usw.

Wenn dieser Faktor dennoch besonders hervorgehoben zu werden verdient, so ist es deshalb, weil die Gruppe den Kampf ums Dasein bis zu einem gewissen Grade gemeinsam führt, d. h. ihre Mitglieder in gewissen Beziehungen nicht gegen einander, sondern nur gegen auſsen, mit der äuſseren Natur oder mit anderen Gruppen konkurrieren; weil mit anderen Worten eine Anzahl von regelmäſsig wiederkehrenden Handlungen der

---

[1] Über den Kampf in Gruppen vgl. Gumplowicz a. a. O., namentlich S. 51 ff.

[2] Darwin (Übers. von Carus, 5. Aufl.), Abstammung des Menschen 117. Hiervon geht Kropotkin, Mutual Aid, a factor of evolution, aus.

Gruppenangehörigen geeignet ist, alle Genossen im Kampfe ums Dasein zu stärken, während eine Anzahl anderer Handlungen, welche dem Kampfe ums Dasein der Genossen unter einander dienen würden, ausgeschlossen wird [1]. In der geus steht das Mordverbot und die Blutrache am Anfange der Entwickelung [2], also die Ausschliefsung des direkten Kampfes ums Dasein zwischen den Genossen und die gemeinsame Führung des direkten Kampfes gegen Nichtgenossen. Dies vereinfacht das Bild der Entwickelung, die nicht mehr als ein Kampf aller gegen alle in jeder Beziehung erscheint, wenn jeder einzelne einem gröfseren Verbande eingeordnet wird. Trotzdem ist die Gruppe nicht etwas Absolutes oder etwas absolut Abgeschlossenes. Jede Gruppe, die in einer Beziehung einheitlich erscheint, erscheint in anderer Beziehung gespalten. Derselbe Mensch mufs in der Regel je nach der Beziehung, auf die man ihn untersucht, mehreren Gruppen eingeordnet werden. Die Gruppierungen, die am häufigsten beobachtet werden, sind die nach Stämmen und Staaten, wenn man den äufseren und territorialen Zusammenhang, und die nach Klassen, wenn man den innerpolitischen Zusammenhang ins Auge fafst.

Es ist deshalb richtig, wenn man sagt, dafs sich die Entwickelung der Geschichte in Klassenkämpfen vollzieht, aber es ist nicht die ganze Wahrheit. Auch die Kämpfe der Stämme und Staaten unter einander bilden einen Teil des Kampfes ums Dasein. Der Unterschied zwischen Klassenbeziehungen und Völkerbeziehungen, zwischen dem staatlichen und dem Völkerrechte, in dem sie sich ausdrücken, läfst sich auch keineswegs scharf ziehen. Die Sklaverei ist aus dem feindlichen Verhält-

---

[1] Eine Analyse des Vergesellschaftungsprozesses (allerdings vom subjektiven Standpunkte aus) auch bei Sombart im „Arch. f. soz. Gesetzg. u. Stat.“ XIV, 312: „... Dabei ergeben sich regelmäfsig wiederkehrende Vornahmen der Wirtschaftssubjekte und ihrer Organe, der von ihrem Willen abhängigen Personen; es entstehen bestimmte typische Beziehungen von Menschen zu einander: es ergibt sich eine Summe von Rechtsverhältnissen, Sitten und Gebräuchen, die eine Summe bestimmter Handlungen und Vornahmen umschliefsen. Es entsteht dasjenige, was wir als Organisationsform der Produktionswirtschaft, kürzer als (Produktions-)Wirtschaftseinheiten bezeichnen dürfen.“

[2] Vgl. Eleutheropulos, Soziologie (Natur und Staat VI), 24.

nisse, aus der andauernden Friedlosigkeit verschiedener Stämme gegen einander entstanden; die Sklaven aber bilden eine Klasse innerhalb des Staates. Ähnlich verhält es sich vielfach bei der Hörigkeit. Die Metöken sind, wie nach einer Ansicht die römischen Plebejer, ursprünglich aufserstaatlich; sie werden unmerklich und allmählich eine Klasse im Staate. Die von Rom unterworfenen Städte treten in ein Bundesverhältnis zu Rom, werden ursprünglich als Ausland betrachtet; doch werden sie immer mehr Untertanen und sind zu wirtschaftlichen Leistungen in verschiedener Form verpflichtet; erst allmählich werden sie zum Inlande gerechnet und als Untertanen anerkannt, aus den Staaten wird eine Klasse. Die Germanen und ihre verschiedenen Stämme betrachteten das römische Reich ursprünglich selbstverständlich als feindliches Ausland; später trat eine Anzahl von ihnen in ein völkerrechtliches Bundesverhältnis zu Rom; manche Gruppen wurden dann auch auf römischem Territorium angesiedelt; es entstanden romanisch-germanische Teilreiche, innerhalb deren Germanen und Römer mit einander als Militärstand und Zivilstand verbunden waren. — Auch heute noch sind ganze Länder von anderen infolge wirtschaftlicher Verhältnisse abhängig, z. B. die Agrarstaaten von den Industriestaaten; es besteht zwischen ihnen ein Verhältnis wie zwischen herrschenden und beherrschten Klassen. Ebenso gibt es gewisse wirtschaftliche Gruppen, die sich über mehrere Länder oder den gröfsten Teil der Erde ausbreiten, die z. B. in internationalen Kartellen ihre Organisation finden. Jede dieser Gruppen wirkt in der einen oder anderen Beziehung gleichartig oder gemeinsam. Ihre Kämpfe bilden alle einen Ausschnitt aus dem Kampfe ums Dasein der menschlichen Entwickelung. Jede von ihnen hat gewisse subjektive oder objektive Rechte, aus denen wir erkennen können, auf welche Lebensverhältnisse sich die Gemeinsamkeit bezieht. Manche von ihnen erstrecken sich nur über wenige oder einzelne menschliche Beziehungen, andere über viele und scheinbar über alle. Danach sind sie natürlich von verschiedener Wichtigkeit für die Entwickelungsgeschichte.

Da uns nun der einzelne Mensch, losgelöst von den anderen, in der Geschichte nicht entgegentritt, erfordert ein zusammenfassendes Verfahren, das die Gleichmäſsigkeiten gemeinsam benennt, behandelt, darstellt, die Berücksichtigung dieser Gruppen, auch wenn die Überlieferung, auf die wir angewiesen sind, nicht schon diese Gruppeneinteilung, soweit sie in die Augen sprang und dem Bewuſstsein des Menschen deutlich war, vorgenommen hätte, so daſs wir heute die Gruppenvorgänge gar nicht mehr in die Einzelvorgänge auflösen können. Denn unsere erzählenden Quellen betrachten in der äuſseren Geschichte die Staaten, in der inneren die Parteien oder Klassen als etwas Ganzes, wenn sie auch in der Regel deren Tätigkeit mit den Handlungen eines groſsen Mannes, eines Staatsmannes oder Heerführers identifizieren. Die Rechtsüberlieferung aber gibt uns nur die typische Form einer Unzahl uns im einzelnen unbekannter Handlungen wieder. Dabei ist aber wiederum nie zu vergessen, daſs die Gruppe nicht etwas von den Individuen Losgelöstes ist, daſs ihr nimmermehr eine eigene Aktion zugeschrieben werden kann, die eine andere wäre, als die Summe der Aktionen der ihr angehörenden Individuen.

Nun können aber die Aktionen dieser Individuen, deren Resultierende als die Aktion der Gruppe erscheint, verschieden zusammengesetzt sein, und deshalb ist es vonnöten, soweit die Geschichte als der in Form von Menschengruppen geführte Kampf ums Dasein erscheint, die Organisation der einzelnen Gruppen zu kennen, da sonst eine unbekannte Gröſse in die Darstellung eingefügt würde. Es handelt sich, um im Bilde zu sprechen, darum, ob die Kräfte innerhalb einer Gruppe nur in einer oder in vielen ihrer Tätigkeiten parallel gerichtet sind und ob sie in vielen oder nur in wenigen Betätigungen gegen einander gerichtet sind; wie viele der regelmäſsig wiederkehrenden Handlungen der Gruppengenossen einander unterstützen und ergänzen, wie viele gegen einander gerichtet sind, so daſs sie sich zum Teile gegenseitig aufheben und auſserhalb der Gruppe nicht wirksam werden. So hängt die Stärke der Betätigung der Gruppe nach auſsen, gegenüber der äuſseren Natur und gegenüber den anderen Gruppen von der Summe der in ihr vereinigten Kräfte und von deren Organisation ab. Man kann demnach, wenn man die Annäherung der Menschen zu gemeinsamer Tätigkeit als

Assoziation bezeichnet, von einer Extensität und von einer Intensität der Assoziation sprechen, je nachdem, ob man die Gemeinsamkeit einer grofsen Anzahl von Menschen in irgendeiner bestimmten Beziehung oder aber die gröfsere Anzahl von Beziehungen, die einer Menschengruppe gemeinsam sind, ins Auge fafst. Z. B. die Gemeinsamkeit innerhalb der Familie ist intensiv im Verhältnisse zur Gemeinsamkeit innerhalb des Staates, die sich durch eine relativ gröfsere Extensität auszeichnet. Blofse Waffenbrüderschaften, wie etwa die griechischen Symmachien, sind weniger intensiv als Bundesstaaten, da sie nur die Abwehr nach aufsen als gemeinsame Angelegenheit betrachten, während in Bundesstaaten auch Teile der inneren Ordnung gleichmäfsig und gemeinsam aufrechterhalten werden. Dafs die gröfsere Zahl im Kampfe mit der Natur und mit den anderen Gruppen eine gröfsere Wirksamkeit ausübt, wenigstens in der Beziehung, in welcher die Gemeinsamkeit besteht, bedarf keines Nachweises. Aber auch die Intensität der Assoziation bedingt notwendig infolge der stärkeren Beziehungen der Menschen zu einander eine stärkere Kohäsion und Widerstandskraft der Gruppe gegen die anderen Gruppen und zugleich, wenn sie sich auch auf die äufsere Natur richtet, durch die intensive Wirtschaft einen stärkeren Ertrag, also ein Hinausschieben der Nahrungsmittelgrenze. Eine Differenzierung der Tätigkeit innerhalb der Gruppe stärkt offenbar die Kohäsion, wenn sie auf Arbeitsteilung, d. h. auf dem gemeinsamen Kampfe mit der Natur, begründet ist, nicht nur weil sie den Zusammenhang der Menschen unter einander durch die gegenseitigen Abhängigkeiten verstärkt, sondern auch weil „die gröfste Summe von Leben durch die gröfste Differenzierung der Struktur vermittelt werden kann“ [1]; dagegen Klassengegensätze innerhalb der Gruppe schwächen sie, weil sie zu einem Kampfe innerhalb der Gruppe führen.

Damit wären etwa die Gesichtspunkte gegeben, von denen aus der Kampf ums Dasein der Menschen zu betrachten wäre: Einwirkung der Natur auf die menschlichen Gruppen und der menschlichen Gruppen auf die Natur (Arbeit); Einwirkung der

[1] Darwin, Entstehung der Arten (5. Deutsche Aufl. von Carus), 126.

menschlichen Gruppen auf einander (Politik); Organisation der menschlichen Gruppen nach Extensität und Intensität.

Milieu und Rasse. Anpassung und Auslese. Arbeitsteilung und Klassen.

Die Gruppen müssen nicht nur in ihrem Nebeneinander, sondern auch in ihrem Nacheinander untersucht werden, wenn man die Entwickelung erfassen will. Es sind die zwei Fragen zu untersuchen: 1) wie die Kontinuität innerhalb einer Gruppe hergestellt wird — und man denkt dabei natürlich vor allem an den Staat —, da doch die Individuen im Laufe gewisser Zeiträume verschwinden und andere an die Stelle zu treten scheinen; 2) wie die Gruppen einander folgen und anderen Gruppenbildungen Platz machen.

Die erste Frage ist die Frage des Milieus und der Erblichkeit. Der Mensch unterscheidet sich von vielen niederen Tieren dadurch, dafs die Generationen nicht zu gleicher Zeit oder innerhalb kurzer Zeit bei verschiedenen Stämmen abbrechen und dann wieder angeknüpft werden: ein vollständiges Ausgehen und Wiederentstehen der Menschheit oder einzelner Gruppen ist nicht möglich; dadurch schon ergibt sich die Möglichkeit einer gewissen Kontinuität innerhalb der Menschheit und der einzelnen Gruppe; das einzelne Individuum wächst schon hinein in die Beziehungen und Verhältnisse der Gruppe; wenn es sich nicht anpassen würde, müfste es in der Regel zugrunde gehen. Kein Mensch, keine Gruppe kann innerhalb einer zivilisierten Gesellschaft ein Jägerleben führen oder auch nur eine geschlossene Hauswirtschaft bilden. Daraus ergibt sich eben immer mehr die Notwendigkeit, dafs der Mensch entweder *ζῷον πολιτικόν* oder überhaupt nicht ist. Ebenso mufs er sich dem Milieu im weiteren Sinne anpassen, und dieses Milieu ist wiederum durch die Tätigkeit der Menschen vor ihm vorgebildet. Wenn es wirklich geborene sogenannte „Verbrecher" gäbe, die einen Rückschlag in frühere Stadien des Menschen bedeuten würden, so kämen sie innerhalb der Gruppe nicht auf infolge der Organisation, in welcher die übrigen Gruppenmitglieder den Kampf ums Dasein mit Übermacht führen [1].

Es kommt noch ein Umstand hinzu, der für die Frage von der höchsten Wichtigkeit ist: der Mensch kommt weniger ausgebildet zur Welt als das Tier, oder mit anderen Worten: „das Kind lernt viel mehr als das Tier" [2] — denn mit der Geburt beginnt die Einwirkung des Milieus durch die Sinne, und die Plastizität ist noch vorhanden. „Allerdings mufs der Mensch erst mühsam lernen, wo das Tier geborener Meister ist, dafür ist aber auch das menschliche Gehirn bei der Geburt viel weiter von dem Gipfel seiner Entwickelung entfernt, als das des Tieres, es wächst nicht nur länger, sondern auch stärker als das der Tiere. Man kann sagen, das Gehirn des Menschen sei viel jünger, wenn es in die Welt tritt, als das tierische. Das Tier wird altklug geboren und handelt sogleich auch altklug." [3] Daher die grofse Einwirkung dessen, was man Erziehung im weitesten Sinne nennen kann, d. h. der Ausbildung („Bildung") des Menschen durch Anpassung an das Milieu, sowie auch die gröfsere Differenzierung der Individuen in den Beziehungen, in welchen sie sich der komplizierten Gruppenorganisation anpassen müssen. Diese Anpassung kann infolgedessen auch eine fortschreitende sein und kann als bewegliches Moment angesehen werden, weil die Anpassung der Gruppe jedes neue Individuum zur gleichen Anpassung zwingt und jedes Fortschreiten der

---

[1] Vgl. auch Aristoteles, Politik I, 2: „Erhellt... dafs ein nicht zufällig, sondern von Natur Staatsloser entweder übermenschlich oder ein verdorbener Mensch ist, von demselben Schlage, wie der bei Homeros (Il. IX, 63) gescholtene ‚Mann ohne Sippe, ohne Recht, ohne Herd'. Wer nämlich von Natur so geartet ist, der mufs zugleich auch wirklich, wie es bei Homeros weiter heifst, ‚kriegstüchtig' sein, da er wie der Räuberstein im Bretspiel auf eigene Faust lebt." (Übersetzt von Bernays.)

[2] Vgl. Preyer, Die Seele des Kindes S. 51.

[3] Hering, Über das Gedächtnis als eine allgemeine Funktion der organischen Materie (Almanach der Wiener Akademie 1870).

Gruppe im Kampfe mit der Natur eine neuerliche Anpassung zur Folge haben kann.

Demgegenüber erscheint die Erblichkeit in einem gewissen Sinne als ein stabileres Moment, und sie scheint sich auszudrücken in dem, was man als Rassenmerkmale zu bezeichnen gewöhnt ist. Die erste Frage, die sich da notwendig aufdrängt, ist, ob diese Rassenmerkmale ausnahmslos bestehen und ob sie, wo sie bestehen, unveränderliche Kennzeichen der Varietät oder Folgen eines bestimmten Entwickelungsstadiums, Erscheinungen der Anpassung an die bestimmten Bedingungen des Kampfes ums Dasein sind. Die Alternative ist eigentlich, insofern man auf dem entwickelungsgeschichtlichen Standpunkte steht, zugunsten der Anpassung entschieden, und da jetzt die überwiegende Mehrzahl der kompetenten Gelehrten auf dem monogenistischen Standpunkte der gemeinsamen Abstammung des gesamten Menschengeschlechtes steht, brauchte über die prinzipielle Frage kein Wort mehr verloren zu werden. Es ist logisch unmöglich, einen anderen Standpunkt einzunehmen, als den von Sombart richtig gekennzeichneten[1]: „Die Einstellung einer Rasseneigentümlichkeit in einen sozialen Zusammenhang (ist) doch immer nur eine Verlegenheitsoperation, bedeutet ein Durchhauen des Knotens, wo eine Lösung verlangt wird. Denn das Rassenmerkmal als Erklärung eines Phänomens benutzen heifst den kausalen Regressus sehr früh abbrechen, heifst auf die Aufdeckung intimer psychologischer Zusammenhänge verzichten, heifst im Grunde eine Bankerotterklärung aller wirklichen Motivierung. Weshalb denn das Operieren mit Rassenmerkmalen bei der Aufdeckung historischer Zusammenhänge so beliebt bei allen geistreichen Dilettanten geworden ist.“[2]

Immerhin wäre es trotz des Monogenismus, wenn die Konstanz der Rassenmerkmale nachgewiesen wäre, noch möglich, dafs der „kausale Regressus“ bis zur Abzweigung der einzelnen Rassen von einander verfolgt werden müfste, was praktisch für

---

[1] Sombart, Der moderne Kapitalismus I, 380.

[2] Eine hübsche Blütenlese dieser „dilettantischen“ Theorien hat übrigens F. Hertz, Moderne Rassentheorien, im I. Kapitel zusammengestellt.

den Historiker eine Unmöglichkeit wäre, so dafs er doch die Rassenmerkmale tatsächlich als absoluten Faktor in seine Berechnung einstellen müfste. Für diese These schien nun die beobachtete Konstanz gewisser körperlicher Merkmale bei den Hauptvarietäten der Spezies Mensch zu sprechen, hauptsächlich Hautfarbe und Haarwuchs und gewisse Besonderheiten des Skeletts, namentlich des Schädels (Dolychokephalie — Brachykephalie). Es scheint nun heute in der Tat nachgewiesen zu sein, dafs auch diese Merkmale keineswegs als konstant betrachtet werden können und dafs namentlich die Folgerungen aus der Schädelform auf zum mindesten durchaus unsicheren Grundlagen beruhen [1]. Vielleicht noch wichtiger aber ist die unzweifelhafte Tatsache, dafs diejenigen Rassenmerkmale, welche wenigstens als relativ konstant betrachtet werden können, wie z. B. die Hautfarbe, gegenwärtig als irrelevant betrachtet werden können, weil sie derzeit im Kampfe ums Dasein bedeutungslos geworden sind, also tatsächlich für die historische Betrachtung aufser Rechnung gesetzt werden können.

Eben in der Irrelevanz dieser Merkmale für den Kampf ums Dasein liegt auch die Erklärung ihrer relativen Konstanz. Gegenüber dem sehr üblichen, aber wenig überdachten Einwurfe, dafs eine relative Konstanz gewisser äufserer körperlicher Merkmale auch auf die Konstanz gewisser psychischer Merkmale, d. h. also gewisser feinerer körperlicher Merkmale, auf welche wir aus psychischen Vorgängen zurückzuschliefsen gezwungen sind, hinweise, hat schon Wallace [2] die richtige und kaum widerlegbare Antwort gegeben, „dafs der Mensch, nachdem er zum Teile jene intellektuellen und moralischen Fähigkeiten erlangt hatte, welche ihn von den niederen Tieren unterscheiden, nur in geringem Mafse eine weitere durch natürliche Zuchtwahl oder irgendwelche andere Mittel bewirkte Modifikation seiner körperlichen Bildung erfahren haben dürfte“. Denn durch

---

[1] Vgl. die Zusammenstellungen der hierher gehörigen Forschungen bei Hertz a. a. O. 35 ff.: „Die anthropologischen Grundlagen der Rassentheorien.“

[2] Wallace bei Darwin, Abstammung des Menschen, Kap. V. — Vgl. dazu auch Vaccaro a. a. O. 44 ff. 48 ff.: „Caratteri particolari dell' adattamento umano.“

seine geistigen Fähigkeiten ist der Mensch in den Stand gesetzt, „sich bei einem nicht weiter veränderten Körper mit dem sich verändernden Universum in Harmonie zu erhalten". „Er hat eine bedeutende Fähigkeit, seine Gewohnheiten neuen Lebensbedingungen anzupassen; er erfindet Waffen, Werkzeuge und denkt sich verschiedene Pläne aus, um sich Nahrung zu verschaffen und sich zu verteidigen. Wenn er in ein kälteres Klima wandert, so benutzt er Kleider, baut sich Hütten und macht Feuer, und mit Hilfe des Feuers bereitet er sich durch Kochen Nahrung aus sonst unverdaulichen Stoffen. Er hilft seinen Mitmenschen in mannigfacher Weise und schliefst auf zukünftige Ereignisse. Selbst in einer sehr weit zurückliegenden Zeit schon führte er eine Teilung der Arbeit aus." Wenn man diese entwickelungsgeschichtliche Betrachtung zusammenstellt mit der schon angeführten Tatsache der aufserordentlichen Plastizität des menschlichen Gehirnes, so ergibt sich für die historisch relevanten Erscheinungen am Menschen — unter Ausschaltung des Rassenfaktors — durch die Einwirkung des Milieus und unter Rücksichtnahme auf die Kontinuität der Gruppe eine vollständig zureichende Erklärung.

Was die Rassentheoretiker und Rassenphantasten an die Stelle dieser natürlichen Erklärungsweise setzen möchten, ist eine auf unexakten Beobachtungen beruhende Mystik. Es liegt ihnen weniger an dem Nachweise der Gleichmäfsigkeit der grob körperlichen Merkmale innerhalb der Rasse, als an der Psychologie und der auf sie aufgebauten Ethik. Die Unterscheidung zwischen „edlen" und „unedlen" Rassen ist schon deshalb unwissenschaftlich, weil „edel" und „unedel" keine historischen Kategorien sind; würden sie aber von mehr oder weniger anpassungsfähigen Rassen sprechen, so müfsten sie ihre Grundanschauung von der Konstanz der Rasse aufgeben. Die angeblichen Beobachtungen müssen aber auch deshalb unexakt sein, weil die angewendeten psychologischen Kategorien so verschwommen sind, dafs sie keiner genauen Beschreibung zugänglich sind, und weil sie doch wieder nur einen Sinn haben, wenn man sie auf Verhältnisse und Vorgänge der Aufsenwelt bezieht, die eben das Milieu ausmachen und variabel sind. Dafs eine Rasse kriegerisch ist, wird man doch nur behaupten, wenn sie viele Kriege führt, und diese Möglichkeit oder Notwendigkeit ist doch nur durch das Milieu gegeben, ebenso wie man von einem Diebe nur sprechen kann, wenn die Gesellschaftsordnung das Eigentum anerkennt. Es ist auch offenbar, daſs das Kriegführen heutzutage von einer ganz anderen Reihe von psychologischen Erscheinungen begleitet ist, als etwa vor 3000 Jahren; daſs „Herrschen" unter modernen Verhältnissen etwas ganz anderes ist, als zur Zeit der Pharaonen, und die „Herrschsucht" damals und heute eine wesentlich verschiedene psychologische Stimmung ist. Nur die Weite und Verschwommenheit dieser psychologischen Kategorien verschuldet es auch, daſs man blind ist gegen die für jeden Vorurteilslosen in die Augen springende Tatsache, daſs, wenn Arminius nach 2000jährigem Schlafe wieder aufwachen würde, er jedem heutigen Rassegermanen, wenn man einen solchen auffinden kann, fremder gegenüberstehen würde, als dieser einem beliebigen anderen Europäer, sowohl was Intellekt, als was Phantasie oder Charakter angeht. Der Rassencharakter ist eben nicht weniger mystisch, als das Ding an sich; er ist das, was man in metaphysischer Spekulation hinter den wirklich gegebenen Beziehungen des Individuums zu der Umgebung noch zu konstruieren für nötig erachtet.

Damit ist natürlich nicht gesagt, daſs man einer bestimmten Gruppe, die unter der Einwirkung einer bestimmten sich nur allmählich verändernden Umgebung steht, nicht zu einer bestimmten Zeit bestimmte typische Merkmale zusprechen dürfte, immer unter der Voraussetzung, daſs man sich bewuſst ist, eine nicht ganz exakte Verallgemeinerung vorzunehmen und nichts anderes auszusagen, als daſs sich die Individuen dieser Gruppe gewissen bestimmten Umgebungsbestandteilen gegenüber in der Regel auf eine bestimmte Art und Weise verhalten.

Wenn man diese Prämissen zugesteht, insbesondere die stärkere Einwirkung des Milieus auf das mit höchster Plastizität, d. h. Variabilität, begabte Gehirn des Menschen, sowie die groſse Variabilität gerade der historisch relevanten Merkmale der Menschen, verliert die physiologische Grundfrage: „Was kann vererbt werden?“ historisch einigermafsen an Bedeutung. Doch wird ihre Beantwortung innerhalb der gesteckten Grenzen dazu beitragen, festzustellen, wie weit etwa der „kausale Regressus“ zurückzuverfolgen ist, damit nach Ausschaltung der Rasse alle Faktoren des Milieus, welche noch auf eine bestimmte Zeit und Gruppe einwirken können, in Betracht gezogen sind.

Wenn man wiederum von mystischen Zusammenhängen absehen, und wenn man nur die von Wallace als relevant angesehenen Merkmale im Auge behalten will, kann es sich nur um die Vererbung gewisser Eigentümlichkeiten des Nervensystemes handeln. Es können nun die Nervenbahnen vererbt werden, die den Reiz zum Zentralnervensystem oder von diesem zu den Muskeln führen, ferner Verbindungen dieser Bahnen im Rückenmarke, die die Reflexbewegungen bedingen, ferner Verbindungen gewisser Gruppen von Nerven mit dem Gehirne und im Gehirne, vielleicht auch in der Grofshirnrinde [1], durch welche die Assoziationen ermöglicht werden. Demnach „läfst sich von vornherein die Möglichkeit nicht in Abrede stellen, dafs auch die Verbindung eines Rindenkomplexes von bestimmter Art mit den zentrifugalen Fasern, die zu den (subkortikalen) Gefühlszentren gehen, wenn diese Verbindung durch nach vielen Tausenden von Jahren rechnende Zeitläufte eine bedeutende physiologische Rolle gespielt hat, schliefslich in die vererbbaren Nervenbahnen aufgenommen wird“ [2]. Dadurch wird die Ver-

[1] Vgl. Exner, Entwurf zu einer physiologischen Erklärung der psychologischen Tatsachen S. 26: Die Grofshirnrinde, „das Organ der zweckmäfsigen Regulierung von Bewegungen durch längst abgelaufene sensorische Eindrücke und die auf Grund derselben gebildeten Assoziationen. Die Rinde ist das Organ des Gedächtnisses und das Organ von dessen Verwertung“.

[2] Vgl. Exner a. a. O. 334 ff., und namentlich: „Ich sagte eben, ‚ein Rindenkomplex von bestimmter Art‘, demnach also auch eine Vorstellung oder ein Vorstellungsgebiet. Nun ist ja kein Zweifel, dafs unsere Vorstellungen im Leben erworben sind, ja dafs es gerade die charakteristische Eigentümlichkeit der Hirnrinde im Gegensatze z. B. zum Rückenmarke ist, die im Laufe des Lebens anlangenden Erregungen in reichem Mafse zu assoziieren und als Assoziationen zu fixieren. Es beruht ja darauf die Möglichkeit überhaupt Vorstellungen zu bilden und das Gedächtnis. Wie aber kann dann eine Vererbung jener Assoziation zwischen Vorstellung und Gefühlszentrum statthaben? — Eine Vererbung in diesem

erbung der Instinkte wie beim Tiere ermöglicht, allerdings auch nur unter der Voraussetzung, dafs von der Umgebung dieselben Reize auf das Individuum ausgeübt werden, wie in früheren Zeiten. Da es nun schwer halten würde, bei verschiedenen Menschenrassen verschiedene Instinkte im engeren Sinne nachzuweisen, da, sogar wenn dies der Fall wäre, die Instinkte nur als Anpassungserscheinungen zu betrachten wären, wird von Seite der Physiologie die oben festgestellte Ansicht von den Rassenmerkmalen bestätigt. Anderseits wird man im allgemeinen in der Tat beobachten können, dafs bei den kulturell niedriger stehenden Gruppen welcher Rasse immer die Instinkte stärker hervortreten, bei den kulturell höher stehenden weniger; dies ist auf die kontrollierende Wirkung der Grofshirnrinde und ihre Anpassung an die komplizierteren Verhältnisse zurückzuführen. Obgleich sub specie aeterni keine Eigenschaft als absolut konstant angesehen werden kann, wird man doch, ohne einen Fehler zu begehen, wie für die historische Betrachtung die menschlichen Arteigenschaften als konstant betrachtet werden[1], auch die

strengen Sinne des Wortes findet beim Menschen sicher nicht statt, wohl aber kann eine gewisse Disposition vererbt werden, die dem Individuum eine Neigung — keinen Zwang — schafft, gewisse, durchaus nicht scharf umrissene, Vorstellungsgebiete mit bestimmten Gefühlen zu verknüpfen. Denn die Eintrittsstelle der verschiedenen sensorischen Fasern in die Hirnrinde, die Austrittsstelle der motorischen liegt doch, soweit wir sie kennen, bei den verschiedenen Individuen ziemlich an derselben anatomisch charakterisierten Stelle; es werden die sich daran knüpfenden Assoziationsfasern also auch in ähnlicher Anordnung liegen, ihre Lage demnach vererbt sein, und die Vorstellung eines gegebenen Objektes wird auch bei den verschiedenen Individuen durch Gesichtseindrücke, Tast- und Bewegungsimpulse analoger Art gebildet werden, somit durch Assoziationen zwischen anatomisch ähnlich gelegenen Rindenendigungen der peripheren Fasern. Demnach kann sich auch die Verwandtschaft mit den Gefühlszentren in ähnlicher Art geltend machen, d. h. es kann eine Disposition dazu vorhanden sein, dafs der Erregungskomplex der Rinde auf dieselben zentrifugal leitenden Bahnen übergeht, wie das bei den Vorfahren der Fall war." Das ist also das Äufserste, was der Erblichkeit zugestanden werden kann. — Andererseits ist es nach Flechsig, Die Lokalisation der geistigen Vorgänge (1896), 59, eine Tatsache, dafs sich die Assoziationsfasern im Gehirne des Kindes beträchtlich später entwickeln, als die Sinneszentren.

[1] Vgl. auch Huppert, Über die Erhaltung der Arteigenschaften (Vortrag bei der Inauguration an der Deutschen Universität Prag, 16. November 1895).

menschlichen Instinkte im physiologischen Sinne als konstant betrachten, soweit sie nicht gehemmt werden durch die von der Anpassung der Groſshirnrinde an das Milieu geschaffene Kontrolle oder aber durch das Fehlen der vom Milieu ausgehenden Reize auſser Übung gesetzt werden.

Wie schon Locke dargetan hat, können auch gemäſs der physiologischen Betrachtung Vorstellungen nicht vererbt werden. Sie müssen von jedem Individuum neu gewonnen werden und hängen also von den Sinneseindrücken des einzelnen Individuums, d. h. also von seiner Umgebung ab, von seinem Milieu. Von diesem hängt es also auch ab, ob die durch die angeborene Verknüpfung der Nervenbahnen gegebene „Anlage" ausgenutzt wird und in welcher Art dies geschieht. Infolge der besonderen Plastizität der Groſshirnrinde vollzieht sich die Aufnahme und Verknüpfung der Vorstellungen selbst und ebenso die Hemmung der Instinkte durch das „Organ des Bewuſstseins" als Anpassungserscheinung.

Es ist also ein vorschnelles Urteil, wenn man z. B. von den Indianern als von einer absolut kulturunfähigen Rasse spricht. Richtiger wäre es zu sagen, daſs die Indianer, die infolge z. B. des Mangels an Haustieren, eines „Zufalles", auf einer niedrigen Stufe der Entwickelung stehen geblieben waren, im Kampfe ums Dasein mit ungleich höher entwickelten Gruppen zugrunde gegangen sind, weil sie die für sie notwendig gewordene rasche Anpassung nicht vollzogen haben; diese anderen Gruppen hatten eben infolge einer Anzahl sehr wesentlicher Verschiedenheiten in ihrer Umgebung einen auſserordentlichen Vorsprung in der Entwickelung. — Von einem ähnlichen Standpunkte aus wird man ähnliche Zusammenstöſse verschiedener Gruppen zu beurteilen haben, z. B. den zum entgegengesetzten Resultate, nämlich zur Anpassung, führenden gewisser germanischer Gruppen mit den Römern. In beiden Fällen wird man, da die im entscheidenden Momente vorhandenen Merkmale der verschiedenen Gruppen oder Rassen auf Anpassungen oder Variationen im Kampfe ums Dasein zurückzuführen sind, den „kausalen Regressus" so weit zurückverfolgen, bis diese Merkmale aus der Einwirkung des Milieus ihre Erklärung finden. — —

So erhebt sich abermals auf dem Gebiete der Geschichte die auf dem ganzen Gebiete der organischen Naturwissenschaften lebhaft erörterte Frage, in welcher Weise sich die Anpassung vollzieht, ob auf dem Wege der natürlichen Zuchtwahl oder durch direkte Anpassung oder auf beiden Wegen. Während aber die Annahme der natürlichen Zuchtwahl der Versuch ist, die beobachteten Anpassungserscheinungen zu erklären, d. h. sie auf die selbstverständliche Erscheinung der Verdrängung des Schwächeren durch das Stärkere zurückzuführen, ist durch die Annahme der direkten Anpassung eigentlich nichts erklärt, sondern wird den organischen Wesen nur eine sonst nicht bekannte Eigenschaft zugeschrieben, welche zur Erklärung der Anpassungserscheinungen angenommen wird. Eine Erklärung würde die direkte Anpassung, wie Mach[1] bemerkt, nur finden, wenn man „Gedächtnis und Assoziation im weiteren Heringschen Sinne als Grundeigenschaften der Elementarorganismen ansehen" könnte. Es liegt diesem Erklärungsversuche allerdings auch eine Hypothese zugrunde, insofern als der an den höheren Organismen in ihrem Nervensysteme nachgewiesene Mechanismus hypothetisch auf die älteren und einfacheren Glieder der Entwickelungsreihe übertragen und so der gewifs nicht aussichtslose Versuch gemacht wird, wie die menschliche Entwickelung durch die der übrigen organischen Wesen erhellt wurde, so die gesamte organische Entwickelung durch die menschliche zu begreifen[2].

Schon diese Möglichkeit lenkt die Aufmerksamkeit auf die Frage, ob nicht in der menschlichen Entwickelung die direkte Anpassung eine besonders grofse Rolle spielt. Gleichwohl können aber eine Anzahl auffallender historischer Erscheinungen nicht übersehen werden, welche die natürliche Zuchtwahl in ihrer schroffsten Form darstellen. In dem beständigen Kriegszustande zwischen den einzelnen Gruppen, der für die ältesten

[1] Mach, Analyse 78.

[2] Andererseits kann man vielleicht, wenn man mit modernen Naturforschern (Haeckel, Weismann) Vererbung und Fortpflanzung nur als Wachstum über das Mafs des Individuums hinaus ansieht, die „direkte" Anpassung als Resultat des Kampfes ums Dasein, der Selektion innerhalb des Individuums betrachten.

Zeiten charakteristisch ist, zeigt sich der direkte Kampf ums Dasein, wie etwa, „wenn zwei hundeartige Raubtiere in Zeiten des Mangels um Nahrung und Leben mit einander kämpfen“ — und als dessen Folge die natürliche Zuchtwahl, da die stärkere Gruppe die Aussicht hat, im buchstäblichen Sinne zu überleben, während die andere vernichtet wird. Wenn die gefangenen Feinde infolge bestimmter Ursachen, welche zu bestimmten völkerrechtlichen Gebräuchen führen, nicht mehr verspeist oder sonst getötet, sondern zu Sklaven gemacht werden, beschränkt sich die Ausrottung und der direkte Kampf ums Dasein auf die im Kampfe Fallenden. Die Gefangenen werden Sklaven, d. h. ihr Lebensmittelspielraum wird eingeengt; ihre Fortpflanzung ist in der Regel erschwert; es beginnt ein mittelbarer Kampf ums Dasein zwischen Sklaven und Herren. Heute ist der Kriegszustand zwischen den Gruppen nur ein Ausnahmezustand, d. h. der direkte Kampf ums Dasein zwischen den Gruppen ist zurückgetreten, ist nur Ausnahme; er beschränkt sich auch nur auf die Kombattanten. — Das gleiche gilt in bezug auf den Strafvollzug, der seine Wurzeln ebenfalls im Kriege, in der Fehde hat; wer an Leib und Leben oder Freiheit gestraft wird, ist im direkten Kampfe ums Dasein unterlegen; doch kann auch dieser Kampf als Ausnahme bezeichnet werden.

Dagegen gibt es ein weites Gebiet menschlicher Tätigkeit, das als Konkurrenz bezeichnet wird; auf diesem Gebiete entreifst nicht einer dem anderen oder eine Gruppe der anderen ihr Leben oder einen Teil ihres Lebensmittelspielraumes direkt oder mit Gewalt; der Lebensmittelspielraum der einen Gruppe wird nur indirekt durch die Tätigkeit der anderen Gruppe eingeengt. Hier herrscht der indirekte Kampf ums Dasein; hier ist z. B. der Handel an die Stelle der Seeräuberei getreten [1].

Es bleibt aber innerhalb der Beziehungen der Menschen

[1] Es ist der Einwand gegen die Anwendung der Selektionstheorie auf die Menschheitsgeschichte erhoben worden, dafs ja die in dem angeblichen Kampfe ums Dasein benachteiligten Klassen erfahrungsgemäfs sich stärker vermehren, als die „höheren“ Klassen. Der Einwand ist schon deshalb nur ein scheinbarer, weil die Sterblichkeit, auf die es ankommt, bei den „niederen“ Klassen eine gröfsere ist, als bei den „höheren“.

zu einander ein Gebiet, auf welchem die direkte Anpassung herrschen kann, und zwar die Betätigung der Menschen einer und derselben Gruppe, insoweit sie assoziiert sind. Denn hier ist die Konkurrenz ausgeschlossen, z. B. zwischen den Menschen des zivilisierten Staatensystemes in bezug auf die völkerrechtlichen Beziehungen, zwischen den Staatsbürgern in bezug auf die staatsrechtlichen Beziehungen, in einer Symmachie mit Bezug auf die gemeinsame Abwehr des Feindes, entsprechend z. B. innerhalb einer Fabrik, eines Kartelles, einer Familie usw. Es ergibt sich daraus, dafs, je intensiver die Assoziation, desto gröfser das Bereich der direkten Anpassung, desto kleiner das Bereich der natürlichen Zuchtwahl ist. Alles, was man im weitesten Sinne als soziale Gefühle bezeichnen kann, sind die Folgen dieser Anpassung, die durch das Milieu immer wieder erneuert und gefördert wird; man denke z. B. an eine Nation als Sprachgemeinschaft; die Sprachgemeinschaft erhält sich dadurch, dafs jedes neue Individuum sich durch Erlernung der Sprache an die Gruppe anpafst.

Auch in den Beziehungen des Menschen zur Natur tritt deutlich der direkte und der indirekte Kampf ums Dasein hervor, wenn der Mensch die wilden Tiere vernichtet oder die Bakterien bekämpft, wenn er seine sämtlichen materiellen Bedürfnisse auf Kosten niedrigerer Organismen befriedigt oder solche durch seine Kulturen zurückdrängt. In manchen Fällen wirkt die Selektion im Laufe der Generationen immunisierend gegen gewisse Krankheiten. Andererseits scheint der Mensch sich vielfach direkt gewissen Krankheiten, dem Klima usw. anzupassen. Die Arbeit selbst in ihren höheren Formen und die Organisation der Gruppen erscheint vielfach als Erscheinung der direkten Anpassung, die in manchen Fällen nicht durch natürliche Zuchtwahl erklärt werden kann. — —

Die politische Geographie lehrt uns, welche Einwirkungen Meer und Land, weite und enge Räume und natürliche Grenzen auf die menschlichen Gruppen gehabt haben. Wir begreifen, dafs die Tropen in einer Zeit ganz unausgebildeter Technik allein dem Menschen genügenden Unterhalt bieten konnten, dafs sie aber eben deshalb zu keiner fortschreitenden Anpassung und Beherrschung der Natur nötigten; dafs der Nahrungsmittelspielraum in den Polarländern dagegen ein so geringer ist, dafs eine gröfsere soziale Gruppierung unmöglich erscheint, während die gemäfsigte Zone zur Arbeit zwingt und als Belohnung der Arbeit ausreichenden Lebensmittelspielraum und die Möglichkeit der Entwickelung gröfserer Gruppen gewährt. Wir wissen, dafs das wilde Vorkommen von zähmbaren Tieren oder der Bestand an leicht gewinnbaren Metallen den Völkern des Landes Vorteile gewähren kann sowohl im Kampfe mit der Natur, als im Kampfe mit anderen Gruppen. Die Geschichte mufs diese räumlichen Verhältnisse als gegeben annehmen, als einen „Zufall" im oben auseinandergesetzen Sinne und häufig als unveränderliche Faktoren, mit denen sie allerdings zu rechnen hat. Dagegen obliegt es ihr wohl, die Organisationsformen der menschlichen Gruppen in ihrer Veränderung und Entwickelung zu betrachten und zu untersuchen, inwiefern auch sie vom Verhältnisse der Menschen zur äufseren Natur abhängig sind.

Man kann nicht häufig genug betonen, dafs die Zusammenfassung von Menschen zu einer Gruppe etwas Subjektives ist [1], dafs die Gruppe nicht als etwas an sich und über den Menschen Bestehendes hypostasiert werden darf und dafs wir nur der Vereinfachung wegen bestimmte gleichartige menschliche Betätigungen gemeinsam betrachten. Von diesem Standpunkte aus kann man mit Bücher [2] drei Grundformen der Organisation dieser Betätigungen unterscheiden: Arbeitsvereinigung, Arbeitsgemeinschaft und Arbeitsteilung.

Die „Arbeitsvereinigung", die charakteristisch für die primitiven Wirtschaften, aber auch für gewisse Teilgebiete der modernen Volkswirtschaft ist, kann dann entstehen, wenn die einzelne zu leistende Arbeit an Menge geringer ist, als die verfügbare Menschenkraft; in diesem Falle können verschiedene Arbeiten in einer Hand kombiniert, kann die überschüssige

---

[1] Dies hat namentlich Simmel, Soziale Differenzierung (Staats- und sozialwissenschaftliche Forschungen X, 1) richtig hervorgehoben.

[2] Bücher Entstehung der Volkswirtschaft [3], 285 ff.; danach auch das Folgende.

Kraft nutzbringend verwendet werden. Einen je weiteren Raum die Arbeitsvereinigung einnimmt, um so geringer braucht die Gruppenassoziation zu sein; die vollendete Arbeitsvereinigung würde zugleich die absolute Autarkie der Einzelpersönlichkeit bedeuten. Allein der Anpassung ist bei der Arbeitsvereinigung in der Kraft des einzelnen Menschen eine unübersteigliche Grenze gesetzt, so dafs, wenn bei der im Kampfe mit der Natur zu bewältigenden Aufgabe die Einzelkraft versagt, das Individuum zugrunde geht, wenn es die Arbeitsvereinigung beibehält und nicht zu den sozialen Arbeitsorganisationen übergeht. Das gleiche mufs natürlich auch gelten, wenn eine isolierte Gruppe bei der Arbeitsvereinigung verharrt, wenn die zu bewältigende Aufgabe die Kräfte der Gruppe übersteigt.

Dagegen ist „Arbeitsgemeinschaft die gleichzeitige Beschäftigung mehrerer Arbeiter zur Bewältigung einer Arbeitsaufgabe“ [1]; die Gemeinschaft ist „durch das Objekt der Arbeit gegeben“, d. h. durch die Natur; sie ist ein deutliches Beispiel der Abhängigkeit der menschlichen Organisation und Gruppenbildung vom Milieu. Die im Kampfe mit der Natur zu leistende Arbeitsaufgabe ist „gröfser, als dafs sie durch die Kraft eines einzelnen bewältigt werden könnte“, und die Anpassung geschieht dadurch, dafs mehrere Menschen ihre Kräfte summieren. Bücher, der die Arbeitsgemeinschaft benannt und mit besonderer Liebe untersucht hat, unterscheidet verschiedene Stufen, die er Gesellschaftsarbeit, Arbeitshäufung (Arbeitsverkettung) und Arbeitsverbindung nennt; als Beispiele seien nach Bücher die Spinnerinnen in der Spinnstube, die Arbeiter, die gemeinsam eine Last heben, die Drescher, der Schmied mit dem Blasebalgzieher angeführt. Charakteristisch für das Funktionieren der verschiedenen Arbeitsgemeinschaften ist die eben durch die Intensität der Assoziation bedingte gröfsere oder geringere Anpassung der Arbeiter an einander, die sich in der Spinnstube z. B. in der Wahl des gemeinsamen Raumes, gemeinsamer Gesänge usw. ausdrückt, in anderen Fällen in der gleichzeitigen oder wechselweisen Bewältigung einer Teilaufgabe und dem Rhythmus, in welchem

[1] Vgl. zu dem Folgenden Bücher a. a. O. 306 ff. und namentlich 322.

diese Tätigkeiten aufeinander folgen. „Dieses gegenseitige Anpassen der Arbeiter an einander", bemerkt Bücher mit Recht, „wird somit zu einem disziplinierenden Element von der allergröfsten Bedeutung."

Man wird vielleicht sagen können, dafs die Arbeitsgemeinschaft für die Gruppenbildung, dagegen die Arbeitsteilung für die Gruppenorganisation von gröfserer Bedeutung ist. Nach Büchers Definition [1] sind alle Arbeitsteilungen „volkswirtschaftliche Entwickelungsvorgänge ..., bei welchen eine wirtschaftliche Leistung von einer Person, der sie bis dahin oblag, auf mehrere Personen übertragen wird, dergestalt, dafs jede der letzteren fürderhin nur einen differenten Teil der seitherigen Gesamtarbeit verrichtet". „Arbeitsteilung ist ... auch immer Arbeitsgliederung, Organisation der Arbeit nach dem Prinzip der Wirtschaftlichkeit; ihr Ergebnis ist immer das Zusammenwirken verschiedenartiger Kräfte zu einem Ziele, das früher nur durch eine Kraft erreicht werden konnte." „Alle Arbeitsteilung ist Anpassung der Arbeit an die beschränkte Menschenkraft; sie tritt ein, wenn ein qualitatives Mifsverhältnis obwaltet zwischen der zu leistenden Arbeit und der Arbeitsfähigkeit des einzelnen." Die Folge ist nach der nationalökonomischen Doktrin vermehrte Produktivität der Arbeit, d. h. also ein Fortschritt des Menschen im Kampfe mit der Natur, wie sie bei jeder Anpassung des Menschen an die Natur eintreten mufs; natürlich tritt aber nicht bei jeder beliebigen oder zufälligen Arbeitsteilung vermehrte Produktivität ein, sondern nur bei einer solchen, welche zugleich Anpassung an die Natur ist. Auch wird man korrekter nicht von einer Anpassung der Arbeit an die Menschenkraft, sondern von einer Anpassung der menschlichen Arbeitstätigkeit an die äufsere Natur sprechen. Die Organisation, welche nicht so sehr die Folge der Arbeitsteilung, als die Arbeitsteilung selbst ist, ist komplizierter, als die aus der Arbeitsgemeinschaft hervorgehende, weil sie nicht nur eine Summierung, sondern zugleich eine Differenzierung und eine gegenseitige Ergänzung der menschlichen Betätigungen bedingt. Dadurch, dafs die

---

[1] Vgl. hierzu und zu dem Folgenden Bücher a. a. O. 339 ff.

wirtschaftliche Arbeit von mehreren Personen geleistet wird, werden die kleineren Gruppen durchbrochen, weil sie mit einander in Beziehung gesetzt werden und sich an einander anpassen müssen; so durchbricht z. B. die Berufsbildung die geschlossene Hauswirtschaft, Krieg oder Handel die Abgeschlossenheit jener isolierten Stämme, die die Eigenschaften des Bodens, den sie bewohnen, ausnutzen, um bestimmte Werkzeuge, etwa Steinbeile oder Tonwaren, zu erzeugen, die auch anderen Gruppen notwendig sind.

So wirkt die Arbeitsteilung als Differenzierung der menschlichen Tätigkeit der Natur gegenüber und insbesondere die Berufsgliederung — im Sinne einer gegenseitigen Anpassung der Menschen an einander, die keineswegs eine einseitige Abhängigkeit zur Folge hat, also nicht nur einer intensiven, sondern auch einer extensiven Assoziation. Dies gilt von den kleinsten wie von den gröfsten Gruppen, und soweit man etwa heute von einer Weltwirtschaft sprechen kann, kann man auch von einer gemeinsamen Organisation der ganzen Menschheit in bezug auf gewisse Tätigkeiten, welche auf die Beherrschung der Natur gerichtet sind, sprechen und von einer gegenseitigen Anpassung aller Menschen an einander.

Schon daraus ergibt sich, dafs Berufsgliederung und Klassenscheidung scharf von einander zu trennen sind; denn Arbeitsteilung und Berufsgliederung beruht auf gegenseitiger Anpassung, die Klassenscheidung auf dem zwischen den Menschen geführten Kampfe um den Lebensmittelspielraum und die der Natur abgewonnenen Vorteile. Allerdings hat mitunter der Gutsherr beim Grofsgrundbesitze, der Fabrikherr in der Grofsindustrie einen anderen Beruf, d. h. in der arbeitsteiligen Organisation eine andere Funktion, als der Hörige oder der Fabrikarbeiter, wenn er nämlich z. B. die Arbeitseinteilung oder die geschäftliche Leitung selbst besorgt; beim Kleinmeister und dem Gesellen oder dem Grofsbauern und dem Kleinbauern kann man schwer von verschiedenen Berufen sprechen. Es ist eben nicht dadurch die Klassenzugehörigkeit bedingt, sondern durch die Vorteile, die einer aus dem arbeitsteiligen Kampfe mit der Natur für sich zieht, aus der Gröfse des Lebensmittelspielraumes, den er für sich erobert. Im Kampfe zwischen den Angehörigen verschiedener Klassen handelt es sich nicht um die Funktionen innerhalb der arbeitsteiligen Organisation, die auf Anpassung beruht, sondern eben um den Lebensmittelspielraum, d. h. um den Besitz. Und dieser Kampf wird wiederum von Gruppen, eben von den Klassen geführt. Denn das Eigentums- oder das dazu gehörige Erbrecht, das ganze Vermögensrecht ist nichts anderes, als eine Form dieses Kampfes; es ist ja nur der Ausdruck dafür, dafs eine gewisse Art des Besitzes geschützt wird; dieser Schutz kann aber nur von der durch diese Gruppe geschaffenen Organisation aufrechterhalten und durchgeführt werden. Der liberale Gedanke des: „Laissez faire!“ kann immer nur innerhalb gewisser Schranken zum Ausdrucke kommen; denn auch die Eigentumsordnung besteht nur infolge der „Einmischung“ der bestehenden Organisation in den Kampf mit der Natur, ebenso wie jede das Eigentum in irgendeiner Beziehung einschränkende Ordnung nur in der gleichen Weise aufrechterhalten werden kann. Die Betätigung des einzelnen ist in dem einen wie in dem anderen Falle durch die von der Gruppe aufrechterhaltene Ordnung bedingt.

Auch für das Verständnis der Klasse hat man die Erblichkeit heranzuziehen gesucht. Es ist richtig, dafs in primitiven Zuständen häufig ein Volk zum anderen in das Verhältnis der Klassenabhängigkeit gerät; es läfst sich dies aber selbstverständlich vollständig genügend durch die durch das verschiedene Milieu bedingte Organisation der verschiedenen Völker erklären: es unterwirft z. B. ein kriegerisch organisiertes Volk ein zum Kriege derzeit nicht genügend organisiertes, ein einheitliches ein zersplittertes; solange Kriegszustand zwischen den verschiedenen Gruppen der regelmäfsige Zustand ist, sind die kriegerisch organisierten Völker im Vorteile, und aus dem Kriegervolke wird eine Kriegerkaste dadurch, dafs der Lebensmittelspielraum eines anderen, unterworfenen Volkes zugunsten des ersteren eingeengt wird; die einfache Arbeitsteilung zwischen Wehrstand und Nährstand wird durch die Organisation des ersteren aufrechterhalten und diese Organisation bringt es mit sich, dafs die Angehörigen des Wehrstandes durch ihr Milieu in gewissen körperlichen Eigenschaften und Vorstellungen aufgezogen werden. Dies ändert sich, sobald, etwa durch Menschenverlust oder gröfsere Kriege gezwungen, der Wehrstand, z. B. die Eupatriden in Athen, die Patrizier in Rom, gezwungen werden, die anderen Klassen in den Wehrstand aufzunehmen; dieselben Eigenschaften werden jetzt durch das Milieu den anderen Klassen anerzogen; die Bürgerheere Athens haben kurz nach ihrer Schaffung die Perser geschlagen, die plebejischen Heere Roms Italien erobert. Es ist ein vergebliches Bemühen, deduktiv oder induktiv die Vererbung der Eignung für einen bestimmten Beruf nachzuweisen. Die Beobachtung der heutigen Verhältnisse z. B. ergibt, dafs zwar in der Regel die Klasse „vererbt" wird, das heifst, dafs der Sohn in der Regel, wenn man den Durchschnitt im Auge hat, in derselben Klasse bleibt, wie der Vater, keineswegs aber, dafs der Beruf oder die Berufsgeschicklichkeit vererbt wird. Eine Unzahl von Söhnen von Kleinhäuslern oder landwirtschaftlichen Arbeitern werden Fabrikarbeiter, obwohl die Ursache dieser Tatsache doch keineswegs in der Vererbung einer gewissen Geschicklichkeit gesucht werden kann; sie bleiben in der Klasse, weil infolge der Eigentumsordnung ihr Lebensmittelspielraum ein beengter ist, aber nicht im Berufe des Vaters; von einer physiologischen Erblichkeit kann hier unmöglich die Rede sein, sondern nur von der Einwirkung des Milieus [1]. Geradezu diakritisch ist die Beobachtung, dafs in früheren Zeiten, als das Kapital qualitativ verschieden war, der Sohn dem Vater allerdings vorwiegend auch im Berufe folgte, dafs dagegen heute, da man nur noch von einer quantitativen Verschiedenheit des Kapitales reden kann, nur noch die Klassenzugehörigkeit von Vater und Sohn die gleiche zu sein pflegt.

Die Resultate der Klassenscheidung zeigen sich in der Einengung des Lebensmittelspielraumes der einen Klasse durch die andere und in der durch den Besitz jener bedingten Abhängig-

---

[1] Vgl. Bücher a. a. O. 380 ff. und namentlich die Polemik gegen Schmoller, ebenda 383 ff. — Schmoller nimmt (s. „Grundrifs" I, 395 ff.) auch heute einen sehr schwankenden Standpunkt ein.

keit dieser. Im Gegensatze zur Berufsgliederung bedeutet also die Klassenscheidung keine Erweiterung des gesamten Lebensmittelspielraumes der aus den Klassen zusammengesetzten Gruppe, sondern eine bestimmte Verteilung, und ferner nicht eine gegenseitige Anpassung der Teilgruppen, sondern eine einseitige Anpassung der einen Klasse an die andere. Die Verteilung des Besitzes ist also mitbedingt durch die Bedürfnisse der einen, der „herrschenden“ Klasse, nicht durch die der Gesamtgruppe, d. h. also nicht durch eine Anpassung an die von der äufseren Natur gegebenen Bedingungen. Da die Verteilung des Besitzes aber augenscheinlich für den Kampf mit der Natur, für die Arbeit und ihre Produktivität mitbestimmend ist, ergibt sich, dafs die Klassenscheidung in der Anpassung der Gesamtgruppe an die äufsere Natur und daher für die Produktivität der Arbeit ein hemmendes Moment ist und die Intensität der Assoziation abschwächt. Je weniger dies Moment wirksam wird und je stärker die Anpassung an das Bedürfnis der Erweiterung des gesamten Lebensmittelspielraumes ist, desto intensiver ist die Assoziation.

Die Abgrenzung des Lebensmittelspielraumes und die Verteilung des Besitzes innerhalb der Gesamtgruppe ist das Resultat von Kämpfen, welche von der abhängigen Teilgruppe geführt werden, um ihren Lebensmittelspielraum auf Kosten der anderen zu erweitern oder um an Stelle der einseitigen eine gegenseitige Anpassung innerhalb der Gesamtgruppe durchzuführen. Auch bei der Untersuchung dieser „Klassenkämpfe“ sind natürlich als entscheidende Momente die Masse und die Organisation der einzelnen Klassen in Betracht zu ziehen. Ein Vergleich des durch ein Jahrtausend gleichmäfsig hoffnungslosen Zustandes der Sklavenklasse mit dem hoffnungsfreudigen Vordringen der organisierten Lohnarbeiterklasse genügt, um die Bedeutung des Faktors „Organisation“ in den Klassenkämpfen zu beleuchten.

III. Fortschritt.

Die fortschreitende Vergesellschaftung.

Die primitive teleologische Auffassung der Geschichte, die vom Animismus ausgeht, sucht nach einem subjektiven Telos, das eine aufserhalb der Geschichte stehende Macht sich setzt, indem sie diese bewegt. Etwas anderes ist es, wenn man von einem solchen Subjekte absieht und sich die Frage vorlegt, ob sich in der Abfolge der menschlichen Gruppierungen eine gewisse Richtung beobachten läfst. In der Konstatierung einer solchen Richtung liegt nicht mehr Teleologie, als wenn man die Beschleunigung beim freien Falle, die Bewegung der kleineren zur gröfseren Masse hin konstatiert; erst durch die Worte „Anziehung", „Streben" und die mit ihnen verbundenen animistischen Ausdeutungen der Beobachtung kommt eine teleologische Anschauung in die wissenschaftliche Betrachtung.

In den verschiedensten Zusammenhängen und auf den verschiedensten Wegen haben Historiker und Ökonomen, Philosophen und Soziologen die Summe aus ihren Beobachtungen gezogen und sie auch unter dem Einflusse ihrer philosophischen Anschauungen und Wünsche auf die verschiedenste Art formuliert. Je weniger diese Formulierungen von vorgefafsten Ideen ausgehen, welche nicht auf dem Gebiete der Erfahrung gewonnen sind, desto mehr werden sie auf Beachtung Anspruch machen können. Es zeigt sich auch in der Tat, dafs eine grofse Anzahl von ernsten Forschern von verschiedenen Beobachtungsgebieten aus zu ähnlichen Überzeugungen gekommen sind und dafs, wie so oft in der Geschichte der Wissenschaften, zwischen sehr verschiedenartigen Geistern ein gröfserer Konsens besteht, als bei der Detailvergleichung zum Vorscheine kommt, dafs eine von vielen geteilte, in gewissem Sinne allgemeine wissenschaftliche Überzeugung den verschiedenartigsten Formulierungen zugrunde liegt. Als die beiden Pole, zwischen denen sich die allgemeinen Anschauungen bewegen, könnte man zwei Leitsätze bezeichnen, des Hobbes: „status hominum naturalis ... bellum omnium in omnes“ und des Aristoteles: „ἄνθρωπος φύσει πολιτικὸν ζῷον“; tatsächlich schliefsen einander die beiden Sätze nur aus, wenn die „natura“, die „φύσις“ als etwas Unveränderliches angesehen wird; sobald dies nicht geschieht, sucht man in der Bewegung von dem einen zu dem anderen allgemeinen Satze die geschichtliche Entwickelung zu erfassen. So sagt Mommsen [1] mit Recht: „Alle Geschichte geht nicht von der Einigung, sondern von der Zersplitterung der Nation aus.“ Spencer [2] benennt die beiden Pole als „Religion der Feindschaft“ und „Religion der Liebe“ und schreibt, indem er das soziale Bewufstsein der Menschheit ins Auge fafst, die erstere der primitiven Menschheit, die letztere der Menschheit der fernen Zukunft zu; er will einen Rhythmus zwischen diesen beiden entgegengesetzten Zuständen erkennen und betrachtet die historische Zeit als einen Übergang vom einen zum anderen. Auch Lawrow [3] geht von seinem idealistischen Standpunkte aus, wenn er ausführt: „Der Fortschritt ist das Wachstum des sozialen Bewufstseins, insofern dasselbe zur Stärkung und Erweiterung der gesellschaftlichen Solidarität führt; er ist die Stärkung und Erweiterung der gesellschaftlichen Solidarität, insofern diese sich auf das wachsende Bewufstsein in der Gesellschaft stützt.“ Gumplowicz [4], der allerdings wohl die Gruppe nur einseitig auffafst, kommt gerade vom Standpunkte des Gruppenkampfes zu dem Schlusse: „Wie immer und überall, so arbeitet auch auf sozialem Gebiete die Natur mit Gegensätzen, mit Heterogeneitäten; aus dem Zusammentreffen solcher läfst sie Bewegung und Entwickelung, und aus solchen Entwickelungen immer neue Einheiten und Gesamtheiten entstehen. Von unzähligen Horden der ver-

---

[1] Mommsen, R. G. I, Kap. 3.

[2] Spencer, Einleitung in das Studium der Soziologie, I, Kap. 8.

[3] Lawrow, Historische Briefe, 341.

[4] Gumplowicz, Die soziologische Staatsidee [2], 114 f.

schiedensten Arten und Typen zu einer geringeren Anzahl von Stämmen, von diesen zu noch geringerer Anzahl von Staaten, von einer verhältnismäfsig noch grofsen Anzahl von Kleinstaaten zu einer geringeren Anzahl von Grofsstaaten, von diesen zu einer wieder geringeren Anzahl von Staatensystemen, so stellt sich dem Auge des Soziologen der bisherige Entwickelungsgang der Menschheit dar. Und nur aus einem solchen Entwickelungsgange lassen sich alle politischen und sozialen, wie auch alle psychisch-sozialen Erscheinungen in ihren sekundären Entwickelungen erklären."

Zu ganz ähnlichen Gesichtspunkten führen die von den Nationalökonomen aufgestellten Stufenfolgen der Produktion, schon die älteste und roheste, welche nur Jäger, Hirten, Ackerbauer in dieser Abfolge unterscheidet, noch deutlicher aber die moderneren, welche den ganzen Kreis menschlicher Wirtschaft und Organisation zu erfassen streben, so die Abfolge, die Schmoller aufgestellt hat — Dorf- und Stadtwirtschaft, Territorialwirtschaft, Nationalstaaten und Volkswirtschaft —, und insbesondere Büchers eingehende Charakteristik der von der Menschheit durchlaufenen Stadien als Periode der individuellen Nahrungssuche; geschlossene Hauswirtschaft (und Grundherrschaft); Stadtwirtschaft, Volkswirtschaft — an welche man eine Weltwirtschaft anzugliedern versucht ist. Auch Büchers zusammenfassende Schlufsfolgerung [1] lautet: „Es ist der Weg von der Sippschaft zur Gesellschaft, den die Menschheit durchmifst und der, soweit wir sehen können, mit einer stets enger werdenden Vergesellschaftung endet. Auf diesem Wege gestaltet sich die Bedürfnisbefriedigung des einzelnen immer reicher und mannigfaltiger, aber auch immer unselbständiger und komplizierter. Das Dasein und die Arbeit jedes einzelnen verflicht sich immer mehr und mehr mit dem Dasein und der Arbeit vieler anderen. Zugleich wird die Güterversorgung jeder Einzelwirtschaft immer stetiger und unabhängiger von elementaren Zufällen." Dieses aus dem Gesichtspunkte des Wirtschaftshistorikers und Gumplowicz' vom Standpunkte des Gruppentheoretikers aus gefälltes Urteil ergänzen einander. Es

[1] Bücher a. a. O., 165 f.

sind nur zwei Seiten derselben Entwickelung, die ins Auge gefaſst werden. Rodbertus[1] hat in einem Aperçu intuitiv beide in den Worten zusammengefaſst: „Extensiv und intensiv fortschreitende Gemeinschaft ist das Gesetz der Geschichte."

Es ist selbstverständlich, daſs, auch wenn die Beobachtung richtig ist, es sich nur um ein Entwickelungsgesetz, nicht um ein Gesetz im Sinne der physikalischen Kausalität handeln kann, d. h. also, daſs es nicht „ausnahmslos exakt" wirkt, daſs nicht jeder historische Vorgang zugleich auch Vergesellschaftung ist, daſs mit anderen Worten eben nur die Richtung angegeben wird, in der sich die menschliche Entwickelung vollzieht.

Daraus folgt auch, daſs das „Gesetz" nicht auf jede willkürlich ausgewählte Gruppe innerhalb der Geschichte angewendet werden kann, z. B. auf eine bestimmte Nation, einen bestimmten Staat, sondern nur auf die Gesamtheit aller Gruppen, in deren Kampfe sich die Entwickelung vollzieht[2].

Gerade aus dem Gruppenkampfe läſst sich aber auch deduktiv diese Entwickelungsrichtung erweisen. Denn im gruppenweisen Kampfe ums Dasein muſs diejenige Gruppe die Wahrscheinlichkeit des Überlebens und Obsiegens für sich haben, diejenige Gruppe als die passendste durch natürliche Zuchtwahl hervorgehen, welche die stärkste ist, d. h. welche sich mit ihrer

---

[1] Rodbertus in Zeitschrift für Sozial- und Wirtschafts-Geschichte VI, 34. — Selbstverständlich führe ich hier nur beispielsweise einige Formulierungen an. Für den gesamten Sozialismus ist ja die Annahme der fortschreitenden Vergesellschaftung die Grundlage. Vgl. namentlich auch die Ausführungen von Max Adler über die von der idealistischen Philosophie ausgehende Geschichtsphilosophie Lassalles und ihre Übereinstimmung mit der Marxschen materialistischen Geschichtsauffassung in diesem Punkte (Arbeiterzeitung, 1904, 31. August). — Vgl. auch vom psychologischen Standpunkte aus Durkheim, Division du travail social, 117: „Plus il y a de relations diverses où (la conscience commune) fait sentir son action, plus aussi elle crée de liens qui attachent l'individu au groupe, plus par conséquent la cohésion sociale dérive complètement de cette cause et en porte la marque."

[2] Aus diesem Grunde erscheint mir der Versuch, aus Analogien, wie z. B. durch Anwendung der Worte Altertum, Mittelalter, Neuzeit (Ed. Meyer, Breysig) Gesetzmäſsigkeiten zu konstruieren, aussichtslos.

Organisation derart der Natur angepafst hat, dafs sie am stärksten extensiv und intensiv assoziiert ist [1]. Es müssen aber sowohl der Natur gegenüber als auch im Kampfe unter einander die stärker vergesellschafteten Gruppen die weniger extensiv oder intensiv assoziierten verdrängen, d. h. auf die üblichen staatlichen Einteilungen angewendet, gröfsere Staatengemeinschaften und Staaten mit geringeren Klassengegensätzen müssen überwiegen. Es soll damit nicht gesagt sein, dafs die Angehörigen der anderen Gruppen verschwinden müssen; es ist ebensogut möglich, dafs sie sich den stärkeren Gruppen anpassen und in ihnen aufgehen. Allgemeiner kann man dasselbe so ausdrücken: die historische Entwickelung bewegt sich auf dem Wege der Klassenkämpfe in der Richtung nach der Aufhebung der Klassen und auf dem Wege der Staatenkämpfe in der Richtung der Aufhebung der Staatengegensätze. Man mag diese Entwickelungstendenz als historisches Assoziationsgesetz oder als Gesetz der fortschreitenden Vergesellschaftung oder auch etwas hochtrabend als soziologisches Grundgesetz bezeichnen. Als soziologisches Grundgesetz deshalb, weil es nicht nur die Entwickelung der Beziehungen der Menschen zu einander bestimmt, sondern auch aus ihm unmittelbar einerseits die Entwickelung des Verhältnisses der Menschen zur Natur und andererseits die Entwickelung der Einzelindividuen abgeleitet werden kann. Denn wenn die Vergesellschaftung zunimmt, so bedeutet dies eine Stärkung im Kampfe mit der Natur, d. h. also eine erhöhte Produktivität der Arbeit. Andererseits ist jede Vergesellschaftung zugleich auch Differenzierung der Individuen; auf die Entwickelung dieser Differenzierung haben namentlich Spencer und Simmel aufmerksam gemacht; sie entspricht der von Darwin [2] aufgewiesenen „Divergenz der Charaktere", welche darauf beruht, „dafs, je weiter die Abkömmlinge einer Spezies in Bau, Konstitution und Lebensweise auseinandergehen, sie um so besser geeignet

---

[1] Vgl. den oben zitierten Satz Darwins (Abstamm. d. M., 117): „Diejenigen Gemeinschaften, welche die gröfste Zahl der sympathischsten Mitglieder umfassen, werden am besten gedeihen und die gröfste Anzahl von Nachkommen erzielen."

[2] Darwin, Entstehung der Arten, Kap. 4, S. 125.

sein werden, viele und sehr verschiedene Stellen im Haushalte der Natur einzunehmen, und somit befähigt werden, an Zahl zuzunehmen".

In dieser Dreieinigkeit: fortschreitende Vergesellschaftung, fortschreitende Produktivität, fortschreitende Differenzierung, mufs der gesamte Inhalt der historischen Entwickelung enthalten sein, während ihre Form durch direkte Anpassung und Auslese bedingt ist.

Deshalb müfste auch für einen vollständigen induktiven Beweis dieser Sätze die gesamte Geschichte ihr gesamtes Material liefern, wie für die gesamte Entwickelungslehre der vollständige induktive Beweis erst erbracht wäre, wenn das gesamte von der organischen Natur gebotene Material verarbeitet wäre. Es kann sich hier aber natürlich nur darum handeln, an der Hand der Spezialforschung jene Prinzipien dadurch zu illustrieren, dafs einige bekannte Entwickelungsreihen darauf untersucht werden, ob sie als Einzelfälle des durch das Gesetz der fortschreitenden Vergesellschaftung aufgestellten Prinzipes angesehen werden können. Es sei deshalb versucht, die Entwickelung des Staates im „klassischen Altertum" und die Entstehung des Kapitalismus zu skizzieren und als solche Einzelfälle unter das Assoziationsgesetz zu subsumieren.

Entwickelung des Staates im klassischen Altertum.

Der grofse Gegensatz zwischen Griechen und Barbaren drückt sich stets auch in der Staatsform aus, so dafs dieser Gegensatz geradezu zur Beleuchtung des Wesens des griechischen Stadtstaates verwendet werden kann. Das Perserreich ist, wie alle grofsen Reiche des orientalischen Altertums, eine Despotie. „Eigene Rechte stehen den Untertanen nicht zu; eine rechtlich geschützte Selbstverwaltung kennt das Reich, abgesehen von ihrer Duldung in den Küstenstädten, so wenig wie den Begriff der politischen Freiheit, aufser wo er bei Berg- und Wüstenstämmen zusammenfällt mit Unkultur. Trotzdem liegt es im Wesen eines despotisch regierten Reiches, dafs den Untertanen in ihren eigenen Angelegenheiten grofse Bewegungsfreiheit gelassen wird. Wenn sie nur gehorsam sind, die Abgaben zahlen und die vorgeschriebenen Truppen stellen, mögen sie im übrigen tun und lassen, was sie wollen. Die Beamten sind lange nicht zahlreich genug, um überall eingreifen zu können —" [1], daher auch sehr verschiedenartige lokale Organisationen. „Den eigentlichen Kitt des Reiches aber bildet das Nationalgefühl der Perser in der Provinz und ihr fester Zusammenhalt den Untertanen gegenüber. Solange der König der Treue seines Volkes (d. h. eben der Perser) und seiner Grofsen gewifs ist, solange er bei den Truppen unweigerlichen Gehorsam findet, auch wenn er ... befiehlt, den hochverräterischen Satrapen niederzustofsen, in dessen Dienst sie stehen, so lange ist das Reich gegen jede Gefahr gesichert ... — Das wichtigste Organ des Reiches ist die Armee." „Offenbar wurde in der Regel die untertänige Bevölkerung zur Ablieferung der Waffen gezwungen und zum Kriegsdienst nur so weit herangezogen, wie sie dem Reiche nicht gefährlich werden konnte." [2] Diese Schilderung ist geradezu typisch für eine Gruppe von grofser Extensität und geringer Intensität der Assoziation. Das Reich ist hier eigentlich nur eine Fortsetzung der Eroberung. Die grofse Masse ist nur mit sehr wenigen ihrer Funktionen im Staate organisiert; in der weitaus überwiegenden Anzahl der Betätigungen der Bevölkerung besteht Verschiedenartigkeit und Gegensatz, im Verhältnisse zum Reiche Anarchie; die staatliche Organisation fungiert eigentlich nicht regelmäfsig und dauernd, sondern stofsweise. Die Extensität seiner Organisation hat nun allerdings bewirken können, dafs das persische Reich in Asien, wo ihm nur wenig extensive Organisationen ohne gröfsere Intensität der Assoziation gegenüberstanden, sich und sein Übergewicht behauptete. Anders war es in dem welthistorischen Kampfe mit den Griechen, in welchem die Mängel des persischen Reiches im Heeresverbande selbst in die Erscheinung traten. „Die Perser haben für den Krieg grofse Völkermassen zusammengehäuft; aber sie im Kampfe zu verwerten haben sie wenig verstanden. Die Trennung der Reiter, Bogenschützen und Lanzenkämpfer in besondere Abteilungen

---

[1] Ed. Meyer, Geschichte des Altertums III, 64.
[2] Ed. Meyer a. a. O. 68f.

wird bereits auf Kyaxares zurückgeführt; zu einer weiteren organischen Gliederung aber ist man nicht gelangt. Die Kontingente der einzelnen Völkerschaften und die persischen Korps wurden in der Schlacht in grofsen Vierecken aufgestellt; im Zentrum nimmt der König oder der Feldherr seinen Platz. Die Mehrzahl der Truppen kann daher nie zum Kampfe gelangen und nur durch ihre Masse wirken.“[1] In Salamis errangen die Griechen „den Sieg, gerade weil sie in der Minderzahl waren“, und bei Platää vermochten die Perser „so wenig wie bei Marathon ohne Rüstung und ohne wirksame Nahwaffen, überdies nur in lockerem taktischem Verbande, den griechischen Hopliten zu widerstehen“.[2] Wie die Organisation des persischen Reiches in dem „lockeren taktischen Verbande“, hat die des griechischen Stadtstaates in der geschlossenen Disziplin der Hopliten ihren Ausdruck gefunden.

Allerdings ist die Organisation des Stadtstaates auch bei den Griechen keineswegs ursprünglich, sondern selbst das Resultat einer langen Entwickelung, die keineswegs in allen Teilen Griechenlands gleich rasch vor sich ging. Denn an die Spitze der griechischen Geschichte könnte man den Satz des Thukydides stellen, der, nachdem er manche Ähnlichkeiten zwischen Griechen und Barbaren hervorgehoben, schreibt (I, 6): *πολλὰ δ' ἂν καὶ ἄλλα τις ἀποδείξειε τὸ παλαιὸν Ἑλληνικὸν ὁμοιότροπα τῷ νῦν βαρβαρικῷ διαιτώμενον.* Er schildert in der Archäologie die Zeit, da die verschiedenen griechischen Stämme noch keine definitiven Wohnsitze erlangt hatten, da jeder sein Land noch leicht verliefs, von anderen, stärkeren verdrängt; da kein Handel bestand und der gegenseitige Verkehr noch nicht geschützt war, und jeder nur für den augenblicklichen Unterhalt sorgte und keine Vorräte, kein Kapital aufhäufte, da man nicht wissen konnte, wie bald es zerstört werden würde (I, 2) —, die Zeit, da noch jeder Waffen trug, um beständig gegen Land- oder Seeraub auf der Hut zu sein (I, 5f.). Es ist die Zeit, da jede kleinste staatliche oder stammliche Organisation nur sich

---

[1] Ed. Meyer a. a. O. 78.

[2] Ed. Meyer a. a. O. 391 und 412.

selbst anerkannte und die nachbarliche als rechtlich nicht existierend betrachtete, da der Fremde also als Feind und als rechtlos, wenn er gefangen wurde und der Sieger ihn schonte, als Sklave, was er besafs, als gute Prise angesehen wurde. Über diesen Grundsatz ist übrigens das Altertum prinzipiell nicht hinausgekommen. Die Entwickelung geht nur dahin, dafs die anerkannten Rechtskreise durch Verträge, Bündnisse erweitert wurden. Wo aber kein Bündnis besteht, da herrscht Kriegszustand, der freilich durch Waffenstillstände unterbrochen werden kann, und Rechtlosigkeit. Dieser Rechtszustand war auch für die innere Entwickelung der antiken Staaten von der gröfsten Bedeutung. Sowie es zu festen Ansiedelungen gekommen war, mufste der Bürger, wenn er den Sommer über ins Feld zog, Arbeitskräfte haben, die ihm das Land bestellten. In den ältesten Zeiten und in gewissen Gegenden auch später pflegten dies Hörige zu sein, vielfach die ursprünglichen Bewohner des eroberten Landes. Als aber auch dieser Teil der Bevölkerung zum Kriegsdienste herangezogen wurde, da mufste der Krieg den Krieg nähren, und die Sklavenwirtschaft, ermöglicht durch die Beute an Menschen, wurde herrschend.

Die kleinen Organisationen selbst, die in der ältesten Zeit der griechischen Ansiedelungen bestanden, sind mehr oder weniger lockere Geschlechtsverbände. Der homerische König ist noch der Heerführer, neben dem es Geschlechtsälteste, *γέροντες*, gibt; von Städten ist wohl schon — doch nicht im späteren Sinne — die Rede; der König bekommt die *γέρατα*, ist auch schon Richter und Oberpriester; die Würde ist erblich in seinem Geschlechte. Die vielen Sagen über Synökismen besagen es, und Thukydides spricht es aus, indem er auf die zu seiner Zeit zurückgebliebensten griechischen Stämme hinweist, die in abgeschlossener Lage den ursprünglichen Zustand noch bewahrt hatten, dafs die Griechen ursprünglich *κατὰ κώμας*, in zerstreuten Dorfgemeinden, wohnten[1]. Dafs diese Dörfer auch in Griechen-

[1] Vgl. auch Aristoteles, Polit. I, 2: *ἡ μὲν οὖν εἰς πᾶσαν ἡμέραν συνεστηκυῖα κοινωνία κατὰ φύσιν οἶκός ἐστιν, οὓς ὁ μὲν Χαρώνδας καλεῖ ὁμοσι-*

land Geschlechtsdörfer waren, ist höchst wahrscheinlich. Auch die vorsichtigsten Forscher nehmen an, daſs zwischen dem Grundbesitze der gentes und den vielen patronymischen Bezeichnungen der (örtlichen) attischen Demen ein Zusammenhang bestand. Höhere Einheiten waren die Phratrien und Phylen. Der Synökismus aber hat die Bedeutung, daſs durch ihn ein dauernder Mittelpunkt in der Hauptstadt geschaffen und manche Funktionen, die ursprünglich den kleineren Einheiten gentes, Phratrien, Phylen zukamen, auf die höhere Einheit, die sich zur Stadtgemeinde entwickelte, übertragen wurden. So sagt Thukydides von Theseus, er habe die *βουλητήρια* der einzelnen attischen Gemeinden aufgelöst und eine gemein-attische Ratsversammlung in Athen begründet (II, 15). Vorher befehdeten sich Teile der attischen Bevölkerung untereinander: das hörte jetzt auf; die *φυλοβασιλεῖς* waren in ihren Funktionen jetzt auf gewisse sakrale und richterliche Obliegenheiten beschränkt, während sie früher sicherlich groſse Bedeutung hatten, bevor ein Zentral-*βασιλεύς* sie an Macht überragte.

Wie im einzelnen diese Entwickelung vor sich gegangen ist, können wir nicht mehr nachweisen, aber nach der Analogie ähnlicher Vorgänge uns wohl vorstellen, daſs Geschlechter und Volkssplitter, die sich in Attika z. B. der Zusammenfassung entziehen wollten, im Kampfe zugrunde gingen, während es an anderen Orten Griechenlands gar nicht zu einer so energischen Zusammenfassung gekommen ist, und uns in den zurückgebliebenen Landschaften Griechenlands, wie Thukydides richtig erkannte, noch in historischer Zeit Rudimente eines älteren Zustandes entgegentreten.

Jedoch hat sich die auf der gens aufgebaute Einteilung sicherlich in vielen der historischen Staaten nicht ursprünglich auf die ganze Bevölkerung — auch abgesehen von den damals noch wenig zahlreichen Sklaven — bezogen. In den Staaten,

πύους, Ἐπιμενίδης δὲ ὁ Κρὴς ὁμοκάπνους· ἡ δ' ἐκ πλειόνων οἰκιῶν κοινωνία πρώτη χρήσεως ἕνεκεν μὴ ἐφημέρου κώμη. μάλιστα δ' ἔοικε κατὰ φύσιν ἡ κώμη ἀποικία οἰκίας εἶναι, οὓς καλοῦσί τινες ὁμογάλακτας, παῖδάς τε καὶ παίδων παῖδας ... σποράδες τὸ ἀρχαῖον ᾤκουν ... ἡ δ' ἐκ πλειόνων κωμῶν κοινωνία τέλειος πόλις ἤδη ...

welche die Dorier nach ihrer Wanderung begründeten, kannte man schon längst eine hörige Bevölkerung, ebenso z. B. bei den Thessalern. Durch den Fund der *Ἀθηναίων πολιτεία* des Aristoteles hat man erfahren, dafs in vorsolonischer Zeit ähnliche Verhältnisse in Attika bestanden: *ἡ δὲ πᾶσα γῆ δι᾽ ὀλίγων ἦν* — bebaut wurde aber das Land durch fron- und zinspflichtige Kleinbauern. In den Grofsgrundbesitzern sind wohl die *Εὐπατρίδαι* zu erkennen, die patricii, d. h. die eigentlichen und einzigen „Bürger", wenn man das Wort hier schon gebrauchen will; die übrigen freien oder hörigen Bewohner müssen den einzelnen Geschlechtern zugeteilt gewesen sein. Diese Klienten nun haben sich mehr und mehr emanzipiert. Es war eine Erweiterung des Staates, als durch Drakon und Solon „der Staat an die Waffenfähigen kam", die jetzt alle aktiven Teil an Staatsrechten und Staatspflichten hatten, und als die persönliche Freiheit des einzelnen durch das Verbot der Schuldknechtschaft geschützt wurde. Die Zulassung der Nichteupatriden zum Kriegsdienste ist sicherlich eine Neuerung und, wenn es auch nicht überliefert ist, so ist doch die Wahrscheinlichkeit dafür, dafs sie eine Anpassung zum Zwecke der Verteidigung des Landes war, zu der die Eupatriden nicht mehr ausreichten. In anderen Staaten, z. B. in Sparta, wurde, solange Griechenland selbständig war, die Emanzipation der Hörigen niemals durchgeführt, und durch diesen Unterschied ist die Verschiedenheit der Entwickelung der griechischen Staaten wesentlich bedingt. Die rechtlichen Unterschiede, welche nach der athenischen Verfassung noch die Abstufungen des Vermögens mit sich brachten, wurden erst im 5. Jahrhundert verwischt. Mit dem Gentilstaate aber hat schon Kleisthenes definitiv gebrochen: *ἀναμῖξαι βουλόμενος, ὅπως μετάσχωσι πλείους τῆς πολιτείας* (*Ἀ. π.* 21). Er tat dies, indem er die ganze Verfassung (statt auf die Geschlechtsphylen und gentes) auf die örtlichen Demen und die aus diesen zusammengesetzten zehn neuen Phylen begründete. Denselben Zweck wird die Aufnahme einer gröfseren Anzahl von Metöken in den Staatsverband gehabt haben. Morgan bezeichnet die kleisthenische Verfassung als „die zweite grofse Verfassungsgrundform" (nach der gentilizischen) — über die das Altertum nicht hinausgekommen ist. „Die Organisation beruhte auf einem Landgebiet ...., die Beziehungen zu einer gens oder Phratrie hörten auf, die staatsbürgerlichen Pflichten zu bestimmen" (Die Urgesellschaft, S. 230). Morgan sieht in ihr den Beginn der „politischen Gesellschaft". Unter dieser Verfassung erreichten die Athener den Höhepunkt ihrer Macht im Gegensatze zu denjenigen griechischen Stämmen, welche nicht bis zu dieser Stufe der Entwickelung gelangten. Indes auch in Athen wie in den anderen Städten gab es noch eine Klasse von freien Einwohnern, die nicht als Fremde bezeichnet werden können, weil sie keiner fremden Gemeinde angehörten, aber doch auch die politischen Rechte nicht genossen: die Metöken. Man kann also in einem gewissen Sinne das Bürgerrecht immer noch als ein gentilizisches bezeichnen, insofern als es noch auf der Abstammung und nicht auf dem Inkolate beruhte, und man hat auch mit diesem Grundsatze in Griechenland nicht prinzipiell gebrochen, „sondern flickte am alten Zeuge herum"[1]. „Eine gröfsere Zahl von Einzelverleihungen des Bürgerrechtes, häufiger auftretende Massenverleihungen, Staatsverträge mit gegenseitiger Garantie von Rechten, Inkolatsverleihungen an Metöken, endlich Bundesstaatsbildungen waren die verschiedenen Heilmittel, die man gegen das Übel anzuwenden suchte. In unserer Überlieferung ist König Philipp V. der erste, welcher den vollen Wert der Identität von Einwohner- und Bürgerschaft erkannte und in dem gegebenen Falle" — von Larissa — „durchzuführen versuchte ... Was hier die Macht des Königs als leitenden Gesichtspunkt feststellte, das zwang nicht selten vorübergehend Kriegsnot und Bedürfnis nach Kriegern den Staaten ab." Dies hängt enge damit zusammen, dafs es niemals zu einem Zusammenschlusse aller griechischen Gemeinden kam. Doch sind Ansätze zur Entwickelung von höheren Einheiten vorhanden gewesen.

Der Satz von der gegenseitigen Rechtlosigkeit wurde doch in vielen Einzelfällen eingeschränkt: durch das Gastrecht und die Proxenie, durch Symbolieverträge sowie durch die Zulassung des Metökentums in der Form der Klientel unter einem

---

[1] Vgl. Szanto, Das griechische Bürgerrecht, 35.

προστάτης; ferner durch die Kolonisation, da die Kolonie in einem gewissen sakralen und Pietätsverhältnisse zur Mutterstadt in der Regel verblieb. Juristisch durchaus verschieden von der Kolonisation, aber auch hierher gehörig ist die Ausführung von Kleruchien, die von Athen aus geschah: Ansiedler wurden über das Meer geführt und erhielten eine gewisse Organisation, blieben aber doch athenische Bürger.

Eine gröſsere Anzahl von Städten vereinigte sich zu gemeinsamen sakralen Zwecken in den Amphiktyonien, deren es viele gab, z. B. in Delphi, Kalauria, Delos, Ephesos usw. Oft fällt die Stammes- mit dieser sakralen Gemeinschaft zusammen; die delphische aber hat sich in historischer Zeit über ganz Griechenland ausgebreitet. Doch kann man von einer politischen Kompetenz gar nicht sprechen: nur auf die Entwickelung eines Völkerrechtes hatte sie Einfluſs, da natürlich bei den Festen ein Gottesfriede herrschte und da sich in ihrem Eide die Amphiktyonen verpflichteten, keine zur Amphiktyonie gehörende Stadt zu zerstören, keine des flieſsenden Wassers zu berauben. Zur Zusammenfassung der griechischen Kräfte zu gröſseren Zwecken ist es auch in dieser Form nicht gekommen.

Thukydides sagt mit Recht, daſs seit dem sagenhaften Trojanischen Kriege bis zu den Perserkriegen keine gemein-hellenische Unternehmung zustande kam, daſs lange Zeit sogar der gemeinsame Name fehlte und ebenso die Bezeichnung βάρβαροι, welche später alle Nichtgriechen bezeichnete. Erst die gemeinsame Gefahr, die von den Persern drohte, lieſs diesen Gegensatz zu vollem Bewuſstsein kommen und brachte die meisten griechischen Städte zu gemeinsamem Handeln: die nicht geeinten fielen in Knechtschaft. Die Form, in der dies geschah, war die der Symmachie; an der Spitze derselben stand das Synedrion in Korinth, und die Hegemonie fiel Sparta zu: es handelt sich hier nur um eine Militärkonvention, nicht im mindesten um eine Verschmelzung der einzelnen Städte mit einander. Als Sparta nach der Sicherung des europäischen Griechenland sich um die weitere Verteidigung des Hellenentums nicht kümmerte, zerfiel die Symmachie, da sich zu diesem Zwecke ein Sonderbund unter Führung Athens loslöste, der sogenannte delisch-attische Seebund. Auch in diesem blieb die Autonomie der einzelnen Staaten, sogar das gegenseitige Fehderecht, bestehen; doch entwickelte sich z. B. durch gemeinsame *σύμβολα* ein gemeinsames Handels- und Verkehrsrecht; aber Athen suchte immer mehr zu zentralisieren; es bewog die meisten Staaten, die Aufstellung der Flotte dem Vororte zu überlassen und dafür Abgaben zu leisten, und machte sie dadurch wehrlos; es übertrug den Bundesschatz von Delos nach Athen und seine Verwaltung an attische Beamte, mischte sich in die inneren Angelegenheiten der Einzelstaaten, schränkte ihre Gerichtsbarkeit ein — kurz, drückte sie in die Stellung von Untertanen herab, was sich auch äußerlich in sakralen Dingen zeigte. Es ist gesagt worden, daß darin, daß Athen die Aufgabe nicht anders lösen konnte, der Beweis liegt, daß der „hellenische Geist" nicht imstande war, einen nationalen Staat zu erlangen, daß daran alle Einheitsbestrebungen in die Brüche gingen, daß, da sich der Widerstand gegen den Vorort im Momente regte, als die militärische Macht einen Stoß bekam, der ganze Bund infolge der zentrifugalen Bestrebungen zerschellen mußte, so wie später aus demselben Grunde der peloponnesische. Die inneren, die Klassengegensätze, ließen es zu keiner intensiven Assoziation kommen. Die Folge dessen, daß keine der Symmachien in sich geeinigt war oder ganz Hellas umfaßte, und daß sie sich unter einander bekämpften, war die Übermacht des Persertums und die von ihm dekretierte Zersplitterung Griechenlands in kleine Autonomien seit dem antalkidischen Frieden.

Dies und die Auflehnung der kleinen Staaten gegen die hellenischen Vormächte erleichterte wiederum die Fortschritte Makedoniens in Griechenland, der einzigen größeren Landmacht, die sich im griechischen Europa gebildet hatte, dessen Organisation in deutlichem Gegensatze zu den griechischen Kleinstaaten war, gestützt auf ein Heer, das aus einer Bevölkerung von freien Bauern gebildet war, während Athen schon durch Söldner kämpfte. Abermals im Gegensatze gegen die Perser kam es jetzt zu einem von den Makedoniern gestifteten und zusammengehaltenen Bunde, dessen Grundlagen waren: „die Freiheit und Autonomie jeder hellenischen Stadt, der ungestörte Besitz ihres Eigentums und dessen gegenseitige Garantie, freier Verkehr und steter Friede zwischen ihnen" (Droysen). So entstand nach vielen Variationen die Organisationsform, in welcher die Griechen den Persern dauernd überlegen wurden. Der König der Makedonier wurde Bundesfeldherr mit unbeschränkter Gewalt gegen die Perser. Man weifs, wie der lockere Organismus des persischen Reiches unter dem Stofse dieser festgefügten griechischen Macht zusammenbrach und Alexanders griechisch-orientalische Monarchie errichtet wurde. Man weifs auch, wie diese zuerst in Statthalterschaften, dann in Reiche auseinanderfiel. Aber doch blieb der Zusammenhang der griechischen Kultur mit dem Osten, schon durch die Sprache, und der einzelnen Reiche unter einander bestehen. Es war jetzt Griechenland auf ein viel ausgedehnteres Gebiet ausgebreitet, aber ebensowenig staatlich geeinigt, wie früher. Auch innerhalb der einzelnen Diadochenreiche blieben die städtischen Gemeinden bestehen, jedoch natürlich nur unter der Oberhoheit und Oberaufsicht der Könige.

Indes bildeten sich in dieser späten Zeit im eigentlichen Griechenland Formen aus, die eine engere Assoziation ermöglichten. Es kam jetzt häufig vor, dafs einzelne Städte allen Bürgern einer anderen Stadt ihr Bürgerrecht verliehen und dafs Bürgerschaften zweier Städte sich gegenseitig ihr Bürgerrecht verliehen (Isopolitie i. sp. S.) [1]; damit waren natürlich auch alle Privatrechte gewährt: Epigamie, Grundbesitz, Klagfähigkeit, während die beiderseitige Souveränität gewahrt blieb. Auch auf diese Weise wurde vielfach eine Ausgleichung der griechischen Privatrechte gefördert und zugleich jenes System der internationalen Rechtlosigkeit, des „exklusiven Verbandrechts" (Mitteis) eingeschränkt.

Weiter noch geht die Sympolitie. „Der Gedanke, kleine, historisch selbständig erwachsene Gemeinwesen durch Konzentrierung ihrer souveränen Gewalten zu einem Bundes- oder Einheitsstaate zu verschmelzen, welcher entweder durch die Schöpfung eines neuen, früher nicht vorhandenen Staatsbegriffes oder durch die Übertragung der Gewalt auf einen vorhandenen vertrag-

[1] Szanto a. a. O. 86. 94. 95.

schliefsenden Staat verwirklicht werden konnte, schlug namentlich in der an politischen Neuschöpfungen reichsten Zeit nach Alexander dem Grofsen Wurzel und ermöglichte mit der Gründung von Bünden eine politische Nachblüte des Griechentums." [1] Neu und wichtig ist die erstere Art der Vereinigung und ihr entwickeltestes Beispiel der achäische Bund, von dem Polybius (II, 38) sagt: *οὐδέσι γὰρ οὐδὲν ὑπολειπομένη πλεονέκτημα τοῖς ἐξ ἀρχῆς, ἴσα δὲ πάντα ποιοῦσα τοῖς ἀεὶ προσλαμβανομένοις, ταχέως καθικνεῖτο τῆς προκειμένης ἐπιβολῆς, δύο συνέργοις χρωμένη τοῖς ἰσχυροτάτοις, ἰσότητι καὶ φιλανθρωπίᾳ* ... Es bestand ein Bürgerrecht der Einzelstaaten und aufserdem ein achäisches Bundesbürgerrecht; die Bundesgewalt war für die Gesetzgebung kompetent, während die Einzelstaaten auch Psephismen fassen konnten und Gerichtsbarkeit ausübten. Der Bund hat seinen Rat und seine (primäre) Volksversammlung. Die Militärhoheit des Bundes versteht sich von selbst. „Dieser aufserordentlich zweckmäfsigen sympolitischen Verfassung des achäischen Bundes, die bei möglichst gröfster Konzentration der Bundesgewalt die Eigentümlichkeiten der Einzelstaaten in ausreichendem Mafse bestehen liefs, ist die Dauer wie der Erfolg des Bundes zuzuschreiben." [2] Ihm nachgebildet war der lykische Bund. Auch einige andere sympolitische Bünde lassen sich in dieser späten Zeit nachweisen, die aber nicht die Bedeutung des achäischen erlangt haben. Dies ist die intensivste politische Assoziation, zu welcher die Griechen gelangten. Aber sie hat keine grofse Ausdehnung erlangt, sich niemals auch nur über das ganze europäische Griechenland erstreckt. Um dies Stehenbleiben zu erklären, hat man häufig, und wohl mit Recht, auf die Bodenbeschaffenheit Griechenlands hingewiesen, durch welche die kleinsten Teile durch natürliche Grenzen gegen einander abgeschlossen sind, während das Meer den Weg nach aufsen weist [3].

Nur wenn man sich diese relativ geringe Entwickelung der Assoziation vergegenwärtigt, versteht man vollständig das

---

[1] Szanto a. a. O. 106.

[2] Szanto a. a. O. 127.

[3] Vgl. auch Ratzel, Politische Geographie, u. a. S. 369f.

Aufgehen der griechischen Kleinstaaten in das Römische Reich.

Denn das Römische Reich hatte die Stadien, bei denen die griechische Entwickelung stehen geblieben war, überwunden, obgleich es von ganz gleichartigen Organisationen seinen Ausgangspunkt genommen hatte. Die reine Gentilverfassung fällt freilich auch in Rom in vorhistorische Zeiten; aber ihre Spuren sind noch deutlich genug in der Geschichte und Verfassung ausgeprägt, derart, daſs das Geschlecht das weichende, der Staat das vordringende Element ist. Auch auf eine vorsynökistische Zeit Roms, auf ein ursprüngliches Wohnen in abgesonderten Dörfern, denen zunächst nur eine Zufluchts- oder Marktstätte gemeinsam war, kann man zurückschlieſsen, u. a., wie in Griechenland, aus der Siedelungsart solcher italischer Stämme, welche in ihrer Entwickelung zurückgeblieben waren. Aber Rom muſs sich unter diesen Völkern sehr rasch zu einer höheren Assoziationsstufe durchgerungen haben, die auch über die regelmäſsige Organisation der latinischen Stadt hinauswuchs. Die Bedeutung der Lage Roms war einerseits durch seine Beherrschung der Salinen von Ostia, des Tiber und der Salzstraſse ins Innere Italiens, andererseits durch die vielumstrittene Grenze zwischen den Latinern und den Etruskern bedingt. Wenn jene Momente eine gröſsere wirtschaftliche Entwickelung ermöglichten, so muſste diese politische Konstellation jede schwache Gruppe vernichten. Wir wissen nicht, wie viele latinische Ansiedelungen am Tiber durch die Etrusker zugrunde gegangen sind, bevor die dreieinige Stadt der Tities, Ramnes und Luceres auf dem Palatin entstand. Ihre Organisation unterscheidet sich dadurch von der der umgebenden Orte, daſs sie offenbar aus der Vereinigung dreier Gruppen entstanden ist; die Dreizahl beherrscht die ganze Einteilung der Bürgerschaft; dreihundert Senatoren stehen in Rom den je hundert Senatoren der übrigen latinischen Städte gegenüber; tribus (vgl. tribunal, tribunus, tributus) bedeutet im italischen Sprachgebrauche die Gemeindeflur, im römischen dagegen nur einen Bezirk derselben [1]. Aber auch bei dieser Verschmelzung bleibt

[1] Dies und das Folgende hauptsächlich nach Mommsen, Röm. Staatsrecht III.

die Entwickelung nicht stehen. Zu den maiores gentes treten die minores hinzu, zu den Montani die Collini, die quirinalische Stadt geht in der palatinischen auf. Die Etruskernot mufs zu diesem Zusammenschlusse der widerstandsfähigen Elemente geführt haben. Dagegen verschwinden die kleinen Orte im Umkreise.

In den auswärtigen Verhältnissen gilt für Rom so schroff wie für das ganze Altertum der Satz von der allgemeinen Rechtlosigkeit, soweit sie nicht durch Verträge eingeschränkt ist. Aber schon in den ältesten Zeiten ist Rom in einem Bundesverhältnisse mit den latinischen Gemeinden, während eine weitere Konföderation zwischen dem Latiner- und dem ähnlichen Hernikerbunde bestand. Die Souveränität der einzelnen Gemeinden blieb durchaus aufrecht und war nur so weit eingeschränkt, wie dies für die Abwehr mit gesamter Hand erforderlich war. Die Grundlage des ganzen Verhältnisses war eine blofse Symmachie, in welcher dem Vororte, zuerst vielleicht Alba, dann Rom, nur das Kommando und die Vertretung nach aufsen zufiel. Ursprünglich bestand sogar gegenseitiges Fehderecht und Vertragsrecht zwischen den Bundesmitgliedern. Als dann der latinische Bund aufgelöst und in ein Bundesverhältnis der einzelnen latinischen Städte mit Rom umgewandelt wurde, durften die latinischen Städte unter einander keine Bündnisse abschliefsen. Im Rechte steht aber der Latiner dem Römer wesentlich gleich, obwohl eine Rechtsgemeinschaft zwischen Latium und Rom nicht besteht. Am wichtigsten ist die den Bürgern der alten Bundesstädte gewährte Möglichkeit der Gewinnung des römischen Bürgerrechtes. Dadurch haben die Latiner schon frühe eine Form der Assoziation gewonnen, die in Griechenland erst in den letzten Zeiten der Selbständigkeit und nur vereinzelt auftaucht. Auch als sich die römische Einflufssphäre über Italien ausbreitete, beruhte das Bundesrecht der neu einbezogenen Städte prinzipiell auf der Autonomie, nicht auf der Untertanenschaft, und die Autonomie sollte nur so weit eingeschränkt werden, wie es die Erfordernisse der Wehrgenossenschaft, welche die Grundlage des italischen Bundes war, mit sich brachten. Andererseits übertrugen die Kolonisten der neu angelegten Kolonien ihr volles römisches oder latinisches Bürgerrecht nach allen Gegenden Italiens, und es waren eigentlich Teile der römischen Stadtgemeinde, welche unter dem Namen von Kolonien an allen wichtigen Punkten Italiens Wache hielten.

Aber auch innerhalb des Staatswesens selbst geht eine ganz analoge Entwickelung in der Richtung nach Erweiterung der Assoziation vor sich. Auch in Rom gehörten zu jedem Geschlechte aufser den Freien auch Halbfreie, deren rechtliches Merkmal einerseits Mangel des Bürgerrechtes, andererseits Zugehörigkeit zur Gemeinde war. Diese Halbfreiheit hat ihren Ursprung teils im Inlande (durch uneheliche Geburt oder Freilassung), teils im Auslande, und zwar in Latium (durch Übersiedelung eines Altlatiners und Applikation) oder im weiteren Auslande (durch Dedition ganzer Stadtgemeinden). Der Halbfreie war Höriger, Klient eines Vollbürgers. Aus der Klientel entstand die plebs. „Das Element der Unfreiheit, die Klientel", sagt Mommsen, „ist in beständigem Weichen, das der Freiheit, die Plebität, in stetigem Vorschreiten, bis der Prozefs mit der Umwandlung der Halbfreien in Vollfreie endigt." Rechtlich ist diese Entwickelung negativ durch den Wegfall des Patronates, positiv durch den Erwerb der vollen Rechtsfähigkeit, des commercium, und infolge der canuleischen Rogation des conubium, durch die Plebejer gekennzeichnet. Der Fortschritt wird gefördert durch das Zusammenschmelzen des ursprünglich allein waffenfähigen Patriziates in den zahlreichen Kriegen und, wie in den griechischen Städten, durch die Notwendigkeit, die immer mehr anwachsende Insassenschaft zum Kriegsdienste zuzulassen. Dies hat die sogenannte servianische Verfassung und die Einrichtung der örtlichen Tribus zur Folge, Reformen, welche den Verfassungsänderungen in Athen von Drakon bis Kleisthenes entsprechen. Vielleicht in keinem Staatswesen tritt auch die Organisierung des Stände- oder Klassenkampfes so deutlich hervor, weil sie in Rom eine rechtliche Form gefunden hat durch die Konstituierung der vom Patronate losgelösten Plebejer als selbständige Gemeinschaft, die dem alten patrizischen Staatswesen gegenübertritt; es gibt eigene Beamte dieser plebeischen Organisation, die Tribunen und Ädilen, und eine eigene plebeische Versammlung. In diesem organisierten Klassenkampfe setzen die Plebejer ihre politische Gleichberechtigung, d. h., nachdem der Versuch einer Verschmelzung der beiden Gemeinwesen, welcher durch den Dezemvirat unternommen wurde, teilweise gescheitert war, ihre vollständige Aufnahme in den patrizischen Staat durch.

Es ist bekannt genug, wie die Römer und ihre Bundesgenossen durch die höhere Organisation ihres Staatswesens alle anderen Völker Italiens überwanden: die Etrusker, die nur lockere Eidgenossenschaften gebildet hatten und deren Städte sich unter einander befehdeten, während innerhalb der Städte selbst der Gegensatz zwischen Vornehmen und Geringen die Organisation schwächte; die Gallier, die wohl durch ihre Masse in einzelnen kriegerischen Vorstöfsen wirkten, aber nicht zur Bildung gröfserer dauernder Gemeinwesen vorgeschritten waren; den lockeren Verband der Samniten, die noch nicht zum Synökismus vorgeschritten waren und keinen Einheitsstaat, keine städtischen Mittelpunkte besafsen; die griechischen Kolonialstädte, vereinzelte Stadtstaaten, deren zinspflichtige Untertanen den Römern willkommene Bundesgenossen waren. Man hat mit starker Betonung und mit Recht den staatenbildenden Geist der römischen Bauern — im Gegensatze zu den partikularistischen Neigungen der Griechen — gepriesen, mitunter aber vergessen, dafs er sich während des Ständekampfes weder in der Sage noch in der Geschichte zeigt, sondern sich erst allmählich den geänderten Verhältnissen angepafst hat. Den schärfsten Gegensatz zu der ausgebildeten römischen Verfassung aber bildet die aristokratische karthagische Verfassung mit ihrer kastenartigen Trennung von Stadtbürgern und Handarbeitern, mit der Entrechtung der Untertanen, in deren Städten die Mauern geschleift wurden, weil der durch den Klassengegensatz erzeugte innere Feind mehr gefürchtet wurde, als der äufsere, während die Festungen Roms und seiner Bundesgenossen in allen Teilen Italiens für Rom eine starke Wehr waren. So kam es, wie mit Recht betont worden ist, dafs Hannibal an dem festen Gefüge der italischen Bundesgenossenschaft scheiterte und dafs mit einer Invasion in Italien die Schwierigkeiten für den Angreifer erst begannen, während eine Invasion in Afrika den Krieg eigentlich schon beendete.

Als sich dann die inneren Verhältnisse des römischen Reiches änderten, durch die übermäfsigen Militärlasten der italische Bauernstand zugrunde ging, während die Grofswirtschaft durch Sklaven ihren Einzug hielt und die Abschliefsung und Machtvergröfserung der Nobilität auf der einen, der wirtschaftliche Niedergang der übrigen Bürger auf der anderen Seite die Klassengegensätze scharf hervortreten liefsen, machten sich diese Verhältnisse im 2. Jahrhundert vor Christus bis in die Kriegführung und in das Verhältnis zu den anderen Staaten hinein fühlbar. Zugleich war auch durch die Einführung der Provinzialstatthalter und der Untertanenschaft das alte Organisationsprinzip durchbrochen worden. Aber noch einmal wurde durch die Revolution der italischen Bundesgenossen im sogenannten Bundesgenossenkriege ein gewaltiger Fortschritt in der Organisation erzwungen. Die Ausdehnung des römischen Bürgerrechtes über ganz Italien hat zum ersten Male einer neuen Assoziationsform ganz zum Durchbruche verholfen: neben das Gemeindebürgerrecht trat das Staatsbürgerrecht, das freilich immer noch mit dem stadtrömischen Bürgerrechte identisch war — d. h. also der antike Stadtstaat wurde überwunden. In derselben Richtung bewegt sich dann die weitere, namentlich von Cäsar und seinen Nachfolgern bewufst geförderte Entwickelung durch das allmähliche Aufgehen der Bundesstädte in den römischen Staat, d. h. durch den Übergang des Staatenbundes in den Einheitsstaat, und die Ausbreitung des römischen Bürgerrechtes über die Provinzen, bis jeder Freie innerhalb des römischen Reiches auch römischer Bürger war.

In anderer Beziehung aber hielten die Fortschritte der Assoziation mit der Ausdehnung des Reiches nicht gleichen Schritt, und neue Klassengegensätze traten an die Stelle der durch den Abschlufs der Ständekämpfe ausgeglichenen. Der Grofsgrundbesitzer trat zuerst als Plantagenbesitzer seinen Sklaven, dann als Grundherr seinen Hörigen gegenüber. Die Organisation der Grundherren im Staate behielt die Herrschaft über die zersplitterten Kräfte der Sklaven und der Kolonen, die es kaum jemals zu einer dauernden Klassenorganisation brachten. Die Sklaverei trat allerdings zurück infolge der Überwindung des Stadtstaates und der rechtlichen Gesamtorganisation der mit einander in enger Beziehung stehenden Länder. Allein die soziale Frage der Hörigkeit wurde im römischen Reiche nicht gelöst. Die Folge war das Auseinanderstreben und die Zersetzung des römischen Reiches, als dessen Erbschaft einerseits die Grundherrschaft, andererseits ein gewisser völkerrechtlicher Zusammenhang, insbesondere hergestellt durch die katholische Hierarchie, zurückblieb, der nach wie vor ein Wiedererstehen der Sklaverei in grofsem Mafsstabe auf den früheren Gebieten des römischen Reiches verhinderte. Ferner kam es zu neuen Assoziationsformen zwischen Römern und Germanen, teilweise in der Form der Verschmelzung oder der Arbeitsteilung, teilweise, wo die Germanen selbst zu stärkeren Organisationen fortgeschritten waren, in der Form der Herrschaft. Auch hatte innerhalb des römischen Reiches selbst auf anderem Gebiete diejenige Organisation die Herrschaft erlangt, welche die stärksten assoziativen Elemente in sich enthielt, das Christentum. „Die Tendenz des Evangeliums auf Assoziation", sagt Harnack[1], „ist nicht eine zufällige Erscheinung in seiner Geschichte, sondern ein wesentliches Element seiner Eigenart. Es vergeistigt den unüberwindlichen Trieb, der den Menschen zum Menschen zieht, und erhebt die gesellschaftliche Verbindung der Menschen über die Konvention hinaus in den Bereich des sittlich Notwendigen." Es erschien eben dem Christentum als sittlich notwendig, was durch die Organisation des römischen Reiches vorgebildet war.

Entstehung des Kapitalismus.

Auch die Entstehung des Kapitalismus kann als Einzelfall unter das Assoziationsgesetz subsumiert werden. Die Grundbedingung für die Entstehung des Kapitalismus ist die Akkumulierung von Vermögen, und diese wieder vollzieht sich historisch auf dem Wege verschiedener Assoziationsformen: der Grundherrschaft, des Handels, der städtischen Siedelung. Im

[1] Harnack, Mission und Ausbreitung des Christentums, 108; vgl. ebenda S. 105 ff. und 226 die Ausführungen über die Organisation des Christentums in dieser Beziehung.

römischen Italien entstand die Grundherrschaft dadurch, dafs die vereinzelte, besitzlose und daher notleidende Bevölkerung als Kolonen auf den Gütern der Grofsgrundbesitzer angesetzt wurde; es war die Not, welche aus der Bevölkerungsschicht, welche einst die Bauern und das Militär stellte, Kolonen machte, wie auch die Grundbesitzer nicht planmäfsig, sondern infolge des durch den Frieden bedingten Sklavenmangels zur Kolonen- und Hofwirtschaft übergingen. Die armen Freien, welche nicht Kolonen wurden, wie die Veteranen, die sich nach dem Zeugnisse unserer Quellen an die ihnen zugemutete Landwirtschaft nicht anpassen konnten, sind zugrunde gegangen und vermochten keine dauernde Klasse der Bevölkerung zu bilden, ebenso wie etwa Grundbesitzer, die bei der Sklavenwirtschaft hätten bleiben wollen, sich nicht halten konnten. Die Organisation der Grundherrschaft als Hofwirtschaft hatte aber die assoziative Verwendung eines Teiles der Arbeitskräfte zur Folge; der Kolone produzierte nicht nur für sich, sondern auch für den Grundherrn und arbeitete nicht nur auf seiner Parzelle, sondern frondete auch für das Gesamtgut; diese Arbeitsorganisation kommt aber dem Besitzer des Gesamtgutes, dem Grundherrn, zugute, der infolgedessen akkumulieren kann. Nicht anders wirken die späteren und an anderen Orten häufigen Formen der grundherrlichen Abhängigkeitsverhältnisse; wo die Bauern z. B. durch den übermäfsigen Kriegsdienst nahezu zugrunde gehen, da ist ihre Kommendation an den Grundherrn eine Assoziationswerbung zum Schutze gegen die ihrer Lebenserhaltung drohenden Gefahren. In ähnlicher Weise wirkt, wenn der Lebensmittelspielraum im eigenen Lande zu enge wird, die Kolonisation; die Aufgaben, welche bei der Rodung und Urbarmachung und Erhaltung des neuen Bodens gestellt werden, können nicht vom einzelnen, sondern nur in verschiedenen Assoziationsformen, namentlich auch von der Grundherrschaft [1], bewältigt werden.

Nicht anders ist der Handel, der in historischer Zeit zur Akkumulation geführt hat, aus der Not entstanden. Um ihr Leben zu retten, flüchteten die Bewohner des venezianischen

---

[1] Vgl. hierzu Inama-Sternegg, Deutsche Wirtschaftsgeschichte I, 235.

Küstenlandes in die Lagunen, und hier auf den kleinen Inseln zusammengedrängt, mufsten sie sich an das Meer wenden, um ihren Lebensunterhalt als Fischer und Schiffer zu gewinnen indem sie die Gabe des Meeres, das Salz, ausführten und Lebensmittel und andere Bedarfswaren dagegen eintauschten [1]; dann erst importierten sie auch Waren aus dem reicheren Osten und akkumulierten allmählich durch den Handel Kapital. Eine ähnliche Entwickelung, durch ähnliche geographische Lage und ähnliche politische Verhältnisse bedingt, schien Comacchio an der Pomündung zu nehmen, wurde aber von der stärkeren Rivalin Venedig vernichtet [2]. Eine ähnliche Entwickelung wurde auch Amalfi aufgedrängt [3]. Von diesen Hafenstädten aus und von ihren Nachfolgern drang der Handel ins Innere Italiens, verband entferntere Gegenden durch den Austausch ihrer Produkte, schuf Märkte und führte überall zur Akkumulation von Vermögen.

Der ständige Markt und die Notwendigkeit des gemeinsamen Schutzes führt zur städtischen Siedelung, zur städtischen Wirtschaft und ermöglicht die Arbeitsteilung, die Berufsgliederung und Spezialisierung.

Kein Teil des europäischen Kulturkreises konnte sich im Verlaufe des Mittelalters diesen zur Akkumulierung führenden wirtschaftlichen Organisationen entziehen, welche als die stärkeren Assoziationen ältere Formen verdrängten. Sombart hat auf die Ursachen hingewiesen, welche lange Zeit hindurch den Fortschritt von der Akkumulation des Vermögens zur kapitalistischen Verwendung gehemmt haben [4]. Er führt namentlich die Absorption aller verfügbaren Geldvermögen durch den Krieg und die Vernichtung grofser Bevölkerungsmengen durch Hunger, Seuche, Krieg usw. an; England, wo die starke Bevölkerungszunahme schon im 17. Jahrhundert beginnt, war, wie er aus-

[1] Vgl. Vierteljahrschrift für Soz. und Wirtschaftsgeschichte II, 434 ff.

[2] Vgl. Hartmann, Zur Wirtschaftsgeschichte im frühen Mittelalter, 74 ff.

[3] Vgl. auch die Bemerkungen von Helmolt über Amalfi in: „Zu Friedrich Ratzels Gedächtnis", 171 ff.

[4] Vgl. hierzu und zum Folgenden Sombart, Der moderne Kapitalismus I, 408 ff.

führt, in der kapitalistischen Entwickelung um 50—100 Jahre voran, da die Grundbedingung für die Verwendung akkumulierter Vermögen in kapitalistischer Art die durch rasche Bevölkerungsvermehrung bedingte Entstehung besitzloser Volksschichten war. Ganz analog dem Vorgange bei Entstehung der Grundherrschaften drängte derjenige Teil der Besitzlosen, der nicht zugrunde ging, zur Produktion, um sich seinen Lebensunterhalt zu verschaffen, und mufste sich, indem er sich der besitzenden Klasse anpafste, in eine neue Organisation der Produktion einfügen. Auf diese Weise entstehen mit den neuen Arbeitsteilungen auch neue gröfsere Assoziationen: der erweiterte Handwerksbetrieb, die Manufaktur, die Fabrik. Die verschiedenen Betriebsformen konkurrieren mit einander, und die enger assoziierten Organisationen verdrängen allmählich die anderen, der Grofsbetrieb drängt den Kleinbetrieb zurück, wenn auch natürlich infolge zufälliger Umstände einzelne weniger ausgebildete Formen und kleinere Betriebe sich erhalten. Die Einführung des maschinellen Betriebes und die Arbeitsteilung innerhalb der Industrien ist wiederum ein Fortschritt der Assoziation. Dagegen erscheint uns der sogenannte „kapitalistische Geist" nicht als die Ursache dieser Erscheinungen, sondern als eine Anpassungserscheinung des menschlichen Bewufstseins an diese Entwickelung, welche, wie die Kartelle und die verschiedenen Staatsbetriebe und die Ansätze zu weltwirtschaftlichen Bildungen beweisen, auch heute keineswegs zum Stillstande gekommen ist.

Die Resultate dieses in immer stärkeren Assoziationsformen geführten Kampfes mit der Natur sind offenbar; sie zeigen sich in der gesteigerten Produktivität und dem gesteigerten Gesamtreichtum. Da aber zu gleicher Zeit im sozialen Kampfe Klassenbildung vorhanden ist, hat sich die Besitzverteilung nicht den Bedürfnissen des Kampfes mit der Natur angepafst, sondern den Bedürfnissen der Besitzenden, und stört daher die Assoziation und die Produktivität. Dies zeigt sich in den sogenannten Absatzkrisen: wenn die Produktion über einen gewissen Punkt erhöht wird, findet das Produkt keine Verwendung, weil die Besitzverteilung nach der auf der Klassenscheidung beruhenden Rechtsordnung die Kaufkraft der Arbeiter einschränkt; so wird durch die Klassenbildung die Produktion selbst gehemmt [1]. Je mehr dagegen an Stelle der einseitigen Anpassung der abhängigen an die herrschenden Klassen die gegenseitige Anpassung tritt, desto leichter werden die Hemmungen des Fortschrittes im Kampfe mit der Natur und der Produktivität überwunden. Eine solche gegenseitige Anpassung kann aber nur das Resultat eines Kampfes der organisierten Klassen sein, durch welchen der Lebensmittelspielraum in einer anderen Weise verteilt wird.

Fortschritt und Ethik.

Im Zusammenhange mit den Entwickelungstendenzen der Gesellschaft pflegt man vom „Fortschritt" zu sprechen und auch hier wieder gelegentlich ein teleologisch-mystisches Etwas einzuführen, nach dem sich der Gang der Entwickelung richten soll, oder wenigstens einen Maſsstab, nach dem man ihn beurteilt und der von auſsen in die Geschichte hineingetragen wird. So sagt beispielsweise Lawrow [2]: „Diese Annäherung der historischen Tatsachen an das von uns erkannte reale oder ideale Gute, diese Entwickelung unseres moralischen Ideals im vergangenen Leben der Menschheit enthält für jeden den einzigen Sinn der Geschichte, das einzige Gesetz der historischen Gruppierung der Ereignisse, das Gesetz des Fortschritts, einerlei, ob wir diesen Fortschritt als ununterbrochen oder als Schwankungen unterworfen betrachten, ob wir an die reale Ver-

---

[1] Es ist hier nicht die Frage, ob durch Organisation der Volkswirtschaft und Einschränkung der regellosen Konkurrenz die Absatzkrisen behoben werden können; würden sie es, so könnte es doch nur durch Regelung und Einschränkung der Produktion geschehen.

[2] Lawrow a. a. O. 57.

wirklichung des Ideals oder blofs an seine Erkenntnis glauben." Dieses Gute ist nach dieser Auffassung etwas rein Subjektives, und, da es sich nicht aus der Betrachtung der Entwickelung ergibt, nur in einem solchen mystischen Zusammenhange mit der Entwickelung der Menschheit, dafs der Fortschritt nur durch eine Art prästabilierter Harmonie erklärt werden könnte. — Eigentlich ist aber doch unter „Fortschritt" nichts dergleichen zu verstehen, sondern nur ein „Fortschreiten" von einem früheren Zustande weg — womit für die Richtung noch nichts gesagt ist. Meint man, dafs man Grund zu der Annahme hat, dafs dieses Fortschreiten in einer beliebigen Richtung kontinuierlich oder wenigstens so stattfindet, dafs eine Tendenz nach irgendeiner bestimmten Richtung hin besteht, so versteht man unter Fortschritt nichts anderes als Entwickelung, und das Entwickelungsgesetz des Fortschrittes wäre demnach eine Tautologie. Erst durch die Bestimmung dieser Richtung gewinnt also der „Fortschritt", das „Gesetz des Fortschrittes" seinen Inhalt, also z. B. den der fortschreitenden Vergesellschaftung. Allgemein könnte man von einer immer gröfseren Anpassung sprechen, d. h. im Kampfe mit der Natur von einer immer gröfseren Beherrschung der Natur; worin diese Anpassung aber im Verhältnisse und Kampfe der Menschen unter einander besteht, kann nur die Geschichte lehren. Umgekehrt kann man dagegen nicht einen metaphysischen Begriff des Fortschrittes in sie hineintragen.

Ein anderes Urteil über eine in der Geschichte nachgewiesene Tendenz, als das, dafs sie stattfindet, d. h. als ein Vergleich späterer Zustände mit früheren, läfst sich also nicht fällen, ein anderer Mafsstab von nirgends gewinnen. Wenn die allmähliche Erkaltung der Sonne nachgewiesen wird, wird man dies nicht als „schlecht" bezeichnen. Das Suchen nach einem anderen „Wert"mafsstabe ist nur die Folge der Tatsache, dafs die menschlichen Handlungen auf das Bewufstsein zurückgeführt werden und im Bewufstsein sich die Begleitmotive nach bestimmten Gesichtspunkten ordnen lassen. Objektiv betrachtet, erscheint die einzelne menschliche Handlung also als Anpassungserscheinung, als „passend" oder als nichtpassend, die Willenserscheinungen subjektiv als zu einer passenden oder nichtpassenden Handlung führend.

Um also Handlungen und Motive beurteilen zu können, mufs man den Inhalt der menschlichen Anpassungserscheinungen kennen.

Es ist daher unzweifelhaft ein grofses Verdienst von O. Lorenz[1], dafs er durch eingehende Kritik früherer Historiker darauf hingewiesen hat, dafs sie den historischen Standpunkt verlassen haben, indem sie Wertmafsstäbe, die meist durch eine spekulative Philosophie gewonnen waren, in die Geschichte hineintrugen; er lehnt daher mit Recht sowohl den Standpunkt Droysens, der alles Geschichtliche für ethisch halte, als den Schlossers ab, der Politik und Moral identifiziert und dem als die Moral der Kantsche kategorische Imperativ gilt. Und im Anschlusse an diese Kritik stellt er mit Recht der Geschichtswissenschaft „die Aufgabe, ihre Mafsstäbe auf eigenem Grund und Boden aufzusuchen". Wenn aber Lorenz weiter schliefst: die Geschichtswissenschaft kenne nur ein zeitliches und mithin nur ein relatives Mafs der Dinge; die Aufgabe bestehe daher in der „Auffindung der relativen Werte", man könne daher nicht „dem Geschichtschreiber bestreiten, sein Urteil danach zu formulieren, was er selbst für das Richtige hält"[2] — so verläfst er wieder den Boden der Wissenschaft, wie sich schon daraus ergibt, dafs er als Muster und Beispiel für die Gewinnung der Mafsstäbe Treitschke anführt. Denn was Treitschke recht ist, müfste auch Schlosser billig sein. Gerade das ist ja das Unwissenschaftliche an den üblichen Wertmafsstäben, dafs sie aus einer allgemeinen „Weltanschauung" heraus gewonnen werden[3], welche nicht nur mit dem Objekte der Untersuchung nichts zu tun hat, sondern auch selbst aus unwissenschaftlicher Quelle stammt und sich aus einer Unmenge von zeitlich und persönlich bedingten, nicht klar erkannten Gefühlen und Strebungen zusammensetzt, so dafs „ira et studium" geradezu zu

---

[1] O. Lorenz, Die Geschichtswissenschaft in Hauptrichtungen und Aufgaben, namentlich S. 72 und 75 ff.

[2] O. Lorenz a. a. O. 87.

[3] Vgl. meinen Artikel in der Wochenschrift „Die Nation" XIII, 52 (1896).

Richtern über die Geschichte eingesetzt werden. Die Einführung solcher unkontrollierbarer Mafsstäbe ist schon deshalb geradezu das Gegenteil von wissenschaftlicher Methode, weil die entgegengesetztesten gleichberechtigt sind und der Boden der Forschung vollständig verlassen und durch die subjektive Willkür ersetzt wird. Die weitere Folge ist dann, dafs leicht nicht mehr die Erkenntnis der Wahrheit als Ziel des Forschers und Darstellers erscheint, sondern irgendwelcher Nebenzweck, wie die „Pflege der Ideale" (welcher?), „Pflege des Patriotismus" (welchen Landes?), „Erziehung zur Tugend (welcher?) durch Beispiele" und dergleichen [1].

Nichtsdestoweniger hat das, was von Lorenz als die „Auffindung relativer Werte" bezeichnet wird, seine Bedeutung in der Geschichtsforschung, wenn diese in der Tat „auf dem eigenen Grund und Boden" der Geschichte aufgesucht werden; sie entspringen aber nur der Beurteilung der Motive der handelnden Personen und können nur auf diese bezogen werden; daraus erklärt es sich, dafs die Vertreter der reinen und ausschliefslichen Motivenforschung diese Art der Beurteilung — ich möchte sie eine sekundäre nennen — in unzulässiger Weise verallgemeinert haben. Grotenfeld [2] hat aber meines Erachtens sehr richtig bemerkt, dafs es sich bei den verschiedenen Arten der Beurteilung um zweierlei handelt: „Um gleichzeitig Gerechtigkeit gegen die Vergangenheit zu üben und eine für die Gegenwart, bei unserem jetzt erreichten Verständnis des gesamten Zusammenhangs der Menschheitsentwickelung, vollgültige Darstellung zustande zu bringen, mufs der Historiker, soviel ich sehen kann, zwei verschiedene Standpunkte der Betrachtung verknüpfen oder die Dinge abwechselnd von verschiedenen Gesichtspunkten aus betrachten. Um zur vollen Erkenntnis der zu erforschenden Tatsachen vorzudringen, um die geistigen Regungen der Menschen der zu behandelnden Zeit wahrheitsgemäfs zu erfassen, ist es von höchster Wichtigkeit, dafs der

---

[1] Über solche „Nebenzwecke" der Geschichtschreibung vgl. Arvid Grotenfeld, Die Wertschätzung in der Geschichte 78 ff.

[2] Grotenfeld a. a. O. 195.

Historiker sich, wenigstens zeitweilig, in das Kulturleben jener Zeit hineinversetzt. Wenn er seiner Darstellung eigentliche, direkte Werturteile beifügt, in denen er Verdienst oder Schuld der Handelnden abmessen will, so ist das Sichhineinversetzen in den Geist der Zeit besonders geboten, — damit er nicht etwa eine Person oder eine Gemeinschaft tadelt, weil sie nicht religiöse Toleranz zu einer Zeit, da diese Idee nicht existierte und nicht existieren konnte, geübt haben oder dergleichen. — — — Um aber die Bedeutung der dargestellten Tatsachen für die Gesamtentwickelung in einer für den modernen Beobachter vollgenügenden Weise deutlich zu machen, mufs der Darsteller auch Gesichtspunkte in Betracht ziehen, die für die dargestellte Zeit keine Kulturwerte waren . . ."

Der Unterschied ist der, dafs in dem einen Falle nach dem bewufsten Wollen des Individuums, in dem anderen nach dem Werte der Handlung, d. h. nach ihrer Wirksamkeit für die Entwickelung gefragt wird, das Bewufstsein aber durch Zeit und Milieu bestimmt ist. Die Beurteilung der Motive Napoleons kann vollständig getrennt werden von der Beurteilung der Folgen, welche seine Handlungen gehabt haben. Seine Motive können z. B. Herrschsucht, Machtbegier gewesen sein, während man die Zertrümmerung des alten europäischen Staatensystemes als „ethisch" durchaus erwünscht und gerechtfertigt betrachten kann. Der subjektive und der objektive Tatbestand müssen eben strenge von einander geschieden werden. Wenn der subjektive Tatbestand nach dem zeitlichen Milieu, der objektive vom Standpunkte der Entwickelung beurteilt, bewertet wird, so ist die Forderung erfüllt, dafs die Mafsstäbe auf dem eigenen Grund und Boden der Geschichte erwachsen müssen. Allerdings ist aber eine Beurteilung vom Standpunkte der Entwickelung erst möglich, wenn der Inhalt dieser Entwickelung, ihre Richtung nachgewiesen ist.

So gibt der Satz von der fortschreitenden Vergesellschaftung im Zusammenhange mit der Entwickelungsvorstellung der Ethik, der Moral Grundlage und Inhalt. Kants kategorischer Imperativ gibt nur eine rein formale Anleitung zum ethischen Handeln; denn er sagt nicht, wie die Norm beschaffen sein müfste, die für alle Gültigkeit haben könnte. Er läfst ferner die Frage unbeantwortet, wer eigentlich den Imperativ setzt. In dem „Sollen" liegt immer etwas Mystisches, wenn man nicht eine Macht setzt, die das Gesollte erzwingt. Vom Standpunkte der Entwickelung dagegen ist die Weltgeschichte in der Tat das Weltgericht. Wenn man ausgeht vom historischen Werturteile und den Mafsstab dafür aus der Geschichte selbst schöpft, so fragt man nicht: Was soll ich tun? Was hätte jener tun sollen? — sondern: Was hat er getan? Was für Folgen hat seine Handlung gehabt? — Und dann weiter: Ist diese Handlung eine derartige gewesen, dafs sie die Entwickelung gefördert oder gehemmt hat? Je nachdem ist die Handlung historisch wertvoll oder schädlich, je nachdem richtet das „moralische" Urteil über sie. Der Nebenmensch, die Gesellschaft aber gibt den guten Rat so zu handeln, versucht mitunter solche moralische Handlungen oder Unterlassungen zu erzwingen. Es kann natürlich die gleiche Handlung unter verschiedenen Umständen und zu verschiedenen Zeiten moralisch oder unmoralisch sein. Es kann ferner das Urteil der Gesellschaft in jedem einzelnen Falle ein irrtümliches sein, wie ein richterliches Urteil rechtsirrtümlich sein kann. Allein es wird sich durch Anpassung jenem Mafsstabe nähern müssen. Denn auch die moralischen Gefühle, die Assoziationen, welche die Urteile in moralischen Dingen hervorrufen, sind Anpassungserscheinungen, „Waffen im Kampfe ums Dasein" [1]. Danach werden sich die moralischen Gefühle und Urteile in der Regel nach der erreichten Stufe der Assoziation richten, sie werden also dieselbe Entwickelungstendenz haben, wie die Assoziationen selbst. Auch sie werden also unter das Gesetz der fortschreitenden Vergesellschaftung fallen. Der Wertmafsstab des Historikers wird dadurch auch inhaltlich bestimmt; er wird jede Handlung danach beurteilen, ob sie zur Vergesellschaftung beigetragen oder deren Tendenz entgegengesetzt war — die einzelne Persönlichkeit danach, ob ihre Motive

---

[1] Vgl. hierzu insbesondere Darwin, Abstammung des Menschen, Kap. IV (Schlufsbemerkungen) und Kap. V. — Auch S. Exner, Die Moral als Waffe im Kampfe ums Dasein, Almanach der Wiener Akademie der Wissenschaften 1892.

Förderung oder Zersetzung der Vergesellschaftung waren. Und damit erhält auch der kategorische Imperativ seinen Inhalt: Handle so, dafs deine Handlung beiträgt zur Vergesellschaftung.

Richtiger: Beurteile eine Handlung danach, ob sie zur Vergesellschaftung beigetragen hat. In der Tat haben ja auch die verschiedensten ethischen Schulen in ihren Lehren ihren Ausgangspunkt von dem Verhältnisse des Menschen zu seinen Mitmenschen genommen, von der Stellung des Menschen in der Gesellschaft. Wenn aber die angenommene Richtung in der Entwickelung der Wahrheit entspricht und der fortschreitenden Vergesellschaftung auch die fortschreitende Produktivität der Arbeit und die fortschreitende Differenzierung des Individuums entspricht, so müssen aus jenem ethischen Obersatze, der sich auf das Verhältnis des Individuums zur Gesellschaft bezieht, zwei weitere ethische Forderungen sich ergeben, von denen sich die eine auf das Verhältnis des Individuums zur Natur, die andere auf die Ausbildung des Individuums selbst bezieht. Aus der „Pflicht" der Vergesellschaftung entspringt einerseits die „Pflicht" der Arbeit, anderseits die „Pflicht" der selbständigen Ausbildung der Persönlichkeit. Diesen drei „Pflichten" aber entsprechen die drei Ideale, denen sich auch, wenn nicht alles trügt, durch Anpassung an die äufsere Entwickelung der Bewufstseinsinhalt der Menschheit allmählich annähert: Brüderlichkeit, Arbeit, Freiheit. Denn ein Erstarken der sozialen Gefühle, welches dem ersten dieser Ideale, und eine stärkere Entwickelung der Persönlichkeit, welche dem letzten entspricht, wird kaum geleugnet werden können. Aber auch Anzeichen einer fortschreitenden Anpassung unseres Bewufstseins an die Arbeit sind deutlich wahrnehmbar, da die Arbeit im allgemeinen nicht mehr, wie in früheren Stadien der Entwickelung, als Schande betrachtet und wenigstens die höher qualifizierten und im eigentlichsten Sinne modernen Arten der Arbeit gerade bei ethisch hochstehenden Individuen mit Lustgefühlen verbunden sind.

Eine solche evolutionistische Sozialethik ist nicht eine absolute Moral und nicht eine blofs formale Ethik. Die moralischen Gefühle und Instinkte sind ihr selbst Anpassungserscheinungen [1].

[1] Auch die utilitarische Ethik erkennt den ethischen Mafsstab im möglichst

Aber sie gibt doch zugleich einen Mafsstab, den der Entwickelung, und dieser Mafsstab wird inhaltlich selbst erst durch den Inhalt der Entwickelung genauer bekannt und bestimmt. Der ideale Mafsstab ist das Ziel der Entwickelung, das supponiert, aber nicht erreicht werden kann.

---

grofsen Vorteile der möglichst grofsen Masse; sie kann den Inhalt dieses Vorteiles aus der Entwickelungstendenz entnehmen und die Begründung der Pflicht in den moralischen Gefühlen, welche sich an diese Entwickelung anpassen. — Andererseits könnte auch das psychophysische Grundgesetz als ein Ausflufs der Anpassung der Empfindungen an die menschliche Entwickelung angesehen werden. Die Entwickelung führt zu fortschreitender Steigerung der Produktion und zu einem Ausgleiche der Besitzunterschiede. Bei gegebenem verschiedenem Besitze ergibt sich mit Rücksicht auf die verschiedene Befriedigung der Bedürfnisse ein verschiedener Empfindungszustand der einzelnen. Nach dem psychophysischen Grundgesetze ist nun in Summe auf die Weise der stärkste Empfindungszustand zu erreichen, wenn dessen Bedürfnisse am meisten berücksichtigt werden, der am wenigsten befriedigt ist, und umgekehrt, weil die Steigerung der Empfindung durch den äufseren Reiz um so geringer ist, je gröfser der schon bestehende Reizzustand ist. So wirkt auch das psychophysische Grundgesetz in der Richtung der Gesamtentwickelung.

Zeitfracht Medien GmbH
Ferdinand-Jühlke-Straße 7
99095 Erfurt, Deutschland
produktsicherheit@kolibri360.de